A REAL SOBRE EMPREENDER

CARO LEITOR,

Queremos saber sua opinião sobre nossos livros.
Após a leitura, curta-nos no facebook.com/editoragentebr,
siga-nos no Twitter @EditoraGente,
no Instagram @editoragente e visite-nos
no site www.editoragente.com.br.
Cadastre-se e contribua com sugestões, críticas ou elogios.

BRIAN REQUARTH
COFUNDADOR DO VIVA REAL

A REAL SOBRE EMPREENDER

A JORNADA DO FUNDADOR:
O QUE VOCÊ PRECISA SABER
SOBRE SÓCIOS, TIME, ESTRATÉGIA,
ESCALA E VENTURE CAPITAL

TRADUÇÃO DE LAURA FOLGUEIRA

Diretora
Rosely Boschini

Gerente Editorial
Carolina Rocha

Editora Assistente
Franciane Batagin Ribeiro

Assistente Editorial
Rafaella Carrilho

Produção Gráfica
Fábio Esteves

Tradução
Laura Folgueira

Preparação
Adriane Gozzo |
AAG Soluções Editoriais

Capa, projeto gráfico e diagramação
Vanessa Lima

Revisão
Amanda Oliveira
Fernanda Guerriero Antunes

Impressão
Gráfica Rettec

Copyright © 2021
by Brian Requarth
Todos os direitos desta edição
são reservados à Editora Gente.
Rua Original, 141/143 – Sumarezinho
São Paulo, SP – CEP 05435-050
Telefone: (11) 3670-2500
Site: www.editoragente.com.br
E-mail: gente@editoragente.com.br

Dados Internacionais de Catalogação na Publicação (CIP)
Angélica Ilacqua CRB-8/7057

Requarth, Brian
    A real sobre empreender: a jornada do fundador : o que você precisa
saber sobre sócios, time, estratégia, escala e venture capital / Brian Requarth; tradução de Laura Folgueira. – São Paulo: Editora Gente, 2020.
    304 p.

    ISBN 978-65-5544-070-6

    1. Empreendedorismo 2. Administração de empresas 3. Liderança 4.
Sucesso nos negócios I. Título II. Folgueira, Laura

20-4077   CDD 658.421

Índice para catálogo sistemático:
1. Empreendedorismo

NOTA DA PUBLISHER

Brian Requarth é um empreendedor de sucesso. Fundador do Viva Real, o norte-americano passou sete anos viajando em seu carro pela América Latina e, no fim desse período, já instalado na Colômbia, deu início a uma das maiores empresas de imóveis no Brasil.

Ainda que esteja mais do que evidente de que esta é uma verdadeira história de sucesso, Brian não esconde seus fracassos – eles fazem parte de sua trajetória e foram igualmente importantes para seu aprendizado.

Aqui, o autor, além de ensinar conceitos de empreendedorismo, como tipos de investimentos e investidores, capital, relacionamento entre cofundadores e recrutamento de uma boa equipe, também resgata qualidades que um profissional bem-sucedido desse ramo precisa ter: humildade para aprender, saber ouvir, coragem para pedir conselhos e muita determinação.

Todas essas qualidades também representam Brian, que não caracteriza este livro como um manual de instruções ou um "guia definitivo". Segundo ele, é apenas um dos caminhos possíveis para uma jornada de sucesso, uma maneira de retribuir aos que lhe ensinaram, passando este conhecimento adiante e inspirando empreendedores e todos aqueles que desejam sê-lo um dia.

Rosely Boschini – CEO e publisher da Editora Gente

DEDICATÓRIA

Um agradecimento especial à minha esposa, minha "copilota" nesta jornada. De aulas de inglês à criação dos filhos e, agora, embarcando na própria empreitada empreendedora.

Obrigado aos meus pais,
os melhores ouvintes do mundo.

AGRADECIMENTOS

Um agradecimento especial aos amigos que me deram feedback enquanto eu escrevia este livro. Yuri Danilchenko, Gina Gotthilf, Thomas Floracks, Eduardo Marques, Brian Hutchings, Dan Green, minha mãe, Lucas Vargas, Gabriela Levy, Diego Simon, Cody Field, Ryan Delehanty. Obrigado à Editora Gente, pelo apoio e ótimo trabalho em trazer à vida estas páginas no Brasil. E um agradecimento especial a Mark Chait, que me ajudou a colocar meus pensamentos, minhas palavras e minhas experiências em forma de livro. Amei trabalhar com você neste projeto. Um abraço a toda a equipe da Scribe!

Também quero agradecer a meus investidores, conselheiros e amigos, que me apoiaram nesta jornada:

A meu pai e James Gray, por acreditarem em mim quando ninguém mais acreditava; à minha família colombiana que me acolheu, me alimentou e assinou o contrato de nosso primeiro escritório, porque ninguém queria alugar para mim. A Thomas Floracks, pela amizade e parceria. A Diego Simon, por tudo o que faz para transformar isso em realidade. A Lucas Vargas, por ter assumido para eu poder voltar aos Estados Unidos e ficar com minha família. A Simon Baker, pelas muitas viagens a São Paulo repletas de preciosos conselhos táticos e amor sincero; a Greg Waldorf, por me adotar e ser um verdadeiro mentor e coach de CEO; a Micky Malka, por me jogar pérolas de sabedoria por quase uma década; a Wences Casares, por me tratar como família quando eu aparecia para jantar; a Julio Vasconcellos, por abrir o caminho; a Shaun Di Gregorio, por me receber em Kuala Lumpur e compartilhar seu roteiro; a Kevin Efrusy, pelo conselho sábio, pelos pensamentos práticos e pela perspectiva de vida; a Ariel Poler, pelo apoio no início; a Alex Torrenegra e Tania Zapata, pela amizade íntima e por acreditarem em mim desde o início; a Jeff e Karen Requarth, por me assinarem um cheque em um momento de grande incerteza; a Adam Requarth, por ser o melhor irmão possível e apoiador constante; a Jeff Fluhr e Jeff Holmes, por seu apoio desde o início; a Chamath Palihapitiya, por me dar uma perspectiva alternativa. A Bedy Yang, por me apoiar desde o início; a Gordy Rubenstein, por me conseguir um cliente inicial e pelos almoços; a Pete Flint, pela enorme inspiração; a Jose Marin e Fabrice Grinda, por apostarem em mim; a Errol Damelin, por me dar um cheque em um táxi em São Paulo; a Jonathan McNulty, pelo conselho à nossa equipe; e a Jihan Bowes-Little, por reconectar e ser parte da história.

Um agradecimento especial também a Nico Szekasy, pela calma e consistência como investidor; a Hernan Kazah, por sempre me desafiar. Um grande agradecimento a Santiago, Nik, Andy e o restante da equipe Kaszek. Muito obrigado a Eric Acher e Fabio Igel pelo enorme apoio, por recrutar executivos seniores para me achar uma babá. Um agradecimento especial a Marcelo Lima e Carlo Dupuzzo e a toda a equipe da

AGRADECIMENTOS 11

Monashees. Obrigado, Chris Hansen, pelo incrível apoio e amizade. Quando Santa Rosa estava queimando, você me deu um teto. A Eduardo Marques, por debater comigo muitas vezes sobre basicamente qualquer assunto imaginável. Obrigado a todos na equipe Valiant por me deixar ficar em seu escritório e almoçar lá. A Marc Stad e Eric Jones, da Dragoneer, pelo apoio. Muito obrigado a Victor Hwang, Hans Swildens, Ira Simkhovitch, da Industry Ventures. Obrigado a Tom Brener, da Quadrant. Obrigado a Jeremy Phillips e Nimay Mehta, da Spark e Lead Edge, por me apoiarem.

Por fim, e definitivamente não menos importante, quero agradecer a todos com quem tive o prazer de trabalhar no Viva. Tive a oportunidade de trabalhar com tanta gente talentosa, gente demais para nomear aqui. Se estiver lendo isso e trabalhamos juntos em algum ponto dessa aventura incrível, saiba que aprendi algo com você. Obrigado, do fundo do coração, por acreditar no que outrora foi um sonho e por participar desta incrível jornada!

SUMÁRIO

16 PREFÁCIO de Linda Rottenberg

19 Quem sou eu

22 Brian e Viva Real

25 O que você tirará dele

26 Uma nova geração de empreendedores

30 INTRODUÇÃO:

Jornada de um fundador

37 Tornando-me empreendedor

43 Encontrando seu caminho

45 O mais importante

48 PARTE UM:

Administrando sua psique

50 CAPÍTULO 1:

O melhor e o pior dia da sua vida *no mesmo dia*

52 Esta vida não é para todos

56 Construindo uma comunidade

60 O poder da vulnerabilidade

66 Transparência e delegação

72 Abraçando a "loucura"

76 CAPÍTULO 2:

O que realmente importa

80 Não estrague as coisas com quem é mais importante

83 Alinhando o eu profissional e pessoal

85 A importância da pausa

88 Desligando a mente

94 CAPÍTULO 3:

Relacionamento entre cofundadores

98 O dinheiro é importante entre cofundadores

102 Papéis e responsabilidades para cofundadores

105 Quem recebe crédito entre os cofundadores

110 Importância da comunicação saudável
com cofundadores

113 O sucesso mascara problemas entre cofundadores

118 PARTE DOIS:

Fundando e escalando sua empresa

120 CAPÍTULO 4:

O valor das virtudes

126 Das dores ao propósito

131 Traduzindo o *porquê* em virtudes

140 Como criar suas virtudes

142 Desafios em comunicar suas virtudes

146 CAPÍTULO 5:

Montando a equipe e tomando decisões na fase inicial

149 Como pensar em contratação em startups
na fase inicial

153 O que buscar nas primeiras contratações

159 Tomada de decisão na fase inicial

164 Dores crescentes em processos na fase inicial

168 CAPÍTULO 6:

Decidindo o que *não* fazer

172 Menos é mais

177 Acerte antes de escalar

180 CAPÍTULO 7:

Meu conselho sobre conselheiros e conselhos

184 Você deve dar participação acionária aos conselheiros?

187 Como pensar em desenvolver seu conselho?

189 Conselhos eficazes e ineficazes

193 Quem você quer no conselho?

196 Demitindo pessoas do conselho

200 CAPÍTULO 8:

Os blocos de construção de sua empresa

204 O problema do pedestal

206 Outros problemas na construção e gestão
de times de engenharia

211 E as outras partes da organização?

214 PARTE TRÊS:

Levantando capital e financiamento

216 CAPÍTULO 9:
O "o que"

221 Como encontrar um investidor-anjo

225 Como saber se você deve levantar dinheiro?

229 Modelo útil para pensar em levantar capital

232 Como funciona o venture capital

237 O que os investidores buscam em uma empresa?

242 Tipos de fundos

245 Investidores internacionais

246 Psicologia sobre levantar capital – e em relação
aos investidores

254 CAPÍTULO 10:
O "como"

256 Economia

261 *Pre-money versus post-money*

263 *Pool* de opções dos funcionários

268 Controle

269 Sabendo o que importa e o que não importa

271 *Deal heat* e FOMO

274 Como contatar e conversar com um investidor

280 CAPÍTULO 11:
Armadilhas comuns

283 Escolhendo os sócios certos em um fundo

287 Armadilhas nas interações com investidores potenciais

291 Armadilhas financeiras

298 Armadilhas de levantar pouco (ou muito)

300 CONCLUSÃO:
Você é o próximo

PREFÁCIO DE
LINDA ROTTENBERG

onheci Brian Requarth em 2014, quando ele já era razoavelmente conhecido no ecossistema brasileiro. Embora seja estadunidense, construíra uma reputação forte no Brasil em razão de seu impacto no mercado de tecnologia do país.

Brian me contou como fora influenciado, alguns anos antes, por um estudo de caso incrível, da Stanford Business School, sobre Marcos Galperin, cofundador – com Hernan Kazah – do Mercado Livre.

Marcos e Hernan formaram-se na Stanford Business no fim dos anos 1990 e poderiam facilmente ter seguido carreira em consultoria/finanças, acabando na McKinsey ou no Goldman Sachs. Ou poderiam ter ido para o Vale do Silício trabalhar para uma das novas companhias. Em vez disso, fizeram algo altamente incomum na época: voltaram ao país de origem para fundar uma empresa ali. Pegaram o modelo do eBay e levaram para a América Latina. Hoje, é claro, o Mercado Livre é um rolo compressor com valor de mercado maior que o do próprio eBay (e o Brasil é, de longe, o maior mercado do MELI). Mas é bem possível

18 A REAL SOBRE EMPREENDER

que nada disso tivesse acontecido se Marcos e Hernan não tivessem sido *eles mesmos* inspirados pela história de outro empreendedor lendário, Wences Casares.

Mesmo com sua empresa, a Patagon.com, estar prestes a se tornar a maior corretora on-line da América Latina, Wences foi rejeitado por 34 investidores. Na época, o ambiente era outro, e as pessoas ainda se apegavam à crença insana de que a próxima startup não poderia jamais vir de um mercado emergente como a América Latina (mais sobre isso em breve). Era algo que nós, na Endeavor, estávamos decididos a tentar mudar – e, portanto, aceitamos Wences como empreendedor Endeavor, ajudando-o a levantar venture capital (capital de risco), encontrar seu primeiro *Chief Operating Officer*, ou COO, e mais (ele acabou, inclusive, se casando com minha assistente, Belle!). Eis que, dezoito meses depois de ter começado a trabalhar com a gente, Wences vendeu a Patagon.com para o Banco Santander por 750 milhões de dólares.

Isso foi em 1998, e mudou tudo. Primeiro, todos os 34 investidores que rejeitaram Wences me ligaram e disseram: "Oi, você tem outro garoto com uma ideia louca?". Aí, nos meses seguintes, pessoas em toda a América Latina se inspiraram no exemplo dele – *Ei, se ele conseguiu, talvez eu também consiga!* –, e, nesse grupo, estavam Marcos e Hernan. Eles acabaram, igualmente, se tornando empreendedores Endeavor.

Avançamos para 2014, Brian me dizendo que uma das maiores fontes de inspiração na própria jornada como empreendedor foi o estudo da Graduate School of Business (GSB), em Stanford, sobre Marcos e o Mercado Livre. Ele lera o estudo de caso e pensara: *Uau, é parecido com o que estou tentando fazer. Quero construir o Mercado Livre do meio imobiliário.*

Ele me disse: "Linda, quero ajudar a inspirar outros da forma como fui inspirado. Quero que a Endeavor seja uma plataforma em que eu possa retribuir e contar mais da minha história".

Aquilo foi música para meus ouvidos. Eu já sabia que queríamos que o Viva Real se tornasse parte de nossa rede Endeavor. As pessoas me diziam que aquele cara, Brian, era mesmo especial – e com certeza era. Como mencionei antes, ele já tivera grande impacto no mercado de tecnologia brasileiro. Mas, além disso, era alguém que acreditava, como eu, no poder das histórias de sucesso e no efeito dos exemplos. Da mesma forma como Marcos fora influenciado pela história de azarão de Wences com a Patagon.com, Brian fora influenciado pelo sucesso de Marcos na internet com o Mercado Livre.

Como o próprio Brian escreve na Introdução deste livro, "o espírito do empreendedorismo é compartilhar com os outros". Eu não poderia concordar mais.

QUEM SOU EU?

Em meados dos anos 1990, eu estava no Brasil dando uma palestra e, depois de falar longamente sobre a Apple – sobre Steve Jobs e Steve Wozniak –, algumas pessoas vieram até mim e disseram, basicamente: "Ótima história, Linda, mas esse negócio de começar uma startup na garagem, todo esse lugar-comum do Vale do Silício, não faz sentido aqui. Na América Latina, a gente nem tem garagens". Percebi, nesse momento, como a região precisava desesperadamente de exemplos. O motivo para as pessoas não estarem se tornando empreendedoras no país era que isso simplesmente não fazia parte de sua realidade diária, de sua experiência compartilhada.

Logo eu aprenderia que isso nem fazia parte do vocabulário delas.

Depois de lutar para descobrir qual era a palavra em espanhol ou em português para o inglês *entrepreneur*, descobri que ainda não havia uma! Pelo menos, não no léxico popular. O único termo que as pessoas usavam com regularidade era "empresário", que dá a ideia de um homem de negócios antiquado.

Bom, pensei, *esse é o problema*. Como os jovens podiam explicar aos pais que iam empreender se nem havia uma palavra para isso? Jurei mudar essa situação.

Vários anos mais tarde, o editor do dicionário Aurélio de português brasileiro ligou para nosso diretor-executivo da época, Paulo Veras (que depois se tornou fundador da 99Taxis, hoje chamada apenas 99). Por acaso, Paulo estava no Brasil quando recebeu a ligação. O editor lhe disse que, em parte por causa do trabalho da Endeavor com empreendedores, iam adicionar a palavra "empreendedorismo" ao dicionário. Não é demais? Desse ponto em diante, fiquei obcecada com a ideia de que precisamos de palavras. Não eram só o português e o espanhol. Não havia palavra para "empreendedorismo" em muitos idiomas: árabe, turco, indonésio. Parece insano, né? Obviamente, há empreendedores por todo o mundo. Mas, na época, estava longe de ser óbvio.

Aliás, quando meu cofundador, Peter Kellner, e eu começamos a Endeavor, todo mundo achou uma péssima ideia. "Não há empreendedor nenhum em mercados emergentes", diziam. E, se houvesse, nunca cresceria, porque não havia venture capital em mercados emergentes. Então, de que adianta? Essa era a sabedoria convencional da época.

AS PESSOAS ME DIZIAM QUE AQUELE CARA, BRIAN, ERA MESMO ESPECIAL – E COM CERTEZA ERA. COMO MENCIONEI ANTES, ELE JÁ TIVERA GRANDE IMPACTO NO MERCADO DE TECNOLOGIA BRASILEIRO. MAS, ALÉM DISSO, ERA ALGUÉM QUE ACREDITAVA, COMO EU, NO PODER DAS HISTÓRIAS DE SUCESSO E NO EFEITO DOS EXEMPLOS.

Levou algum tempo, mas, por fim, convencemos os derrotistas. E fizemos isso por meio de *histórias* – algo que Brian entendeu instintivamente.

BRIAN E VIVA REAL

Obviamente, é estranho chamar o Brasil – quinta maior nação do mundo – de "lago pequeno". Mas, no mundo da tecnologia, ele realmente era, e Brian era um peixe grande nesse lago pequeno. Então, quando veio à Espanha para um dos painéis de seleção internacionais que eu estava moderando, sentia-se compreensivelmente bem otimista com suas chances. Eu também. No entanto, na noite da véspera, li as notas dos participantes do painel e um alarme soou: *Houston, temos um problema*. Havia pelo menos um participante que não estava convencido de que o Viva Real era tão bom quanto todos diziam. Não só isso, essa pessoa achava que a empresa fora supervalorizada pela bolha do mercado brasileiro da época.

Veja, é verdade para todas as empresas que, quando se descascam as camadas, há alguns pontos de interrogação. Eu percebia que aquele homem queria provocar Brian um pouco: ele via que Brian era um cara inteligente, a quem fora dito que o valor de sua empresa era tal. O homem não estava tentando ser cruel, mas acreditava que Brian precisava de uma dura, ainda que com amor.

Na Endeavor, sempre precisamos ter aprovação unânime, e eu tinha vindo à Espanha confiante de que teríamos. Aliás, estava esperando que a seleção de Brian não durasse mais que cinco minutos. Em vez disso, durou duas horas, e foi muito controversa. Um dos últimos votos veio do participante cético. Ele disse

PREFÁCIO DE LINDA ROTTENBERG

algo como: "Simplesmente não confio na tecnologia, e não temos o *Chief Technology Officer* (CTO) aqui, então não temos como saber".

Foi aí que um dos participantes do painel e empreendedor da Endeavor, Martin Migoya, CEO da Globant, saiu ao socorro de Brian. Ele disse: "Bem, na realidade, conheço o cara de tecnologia deles, porque é ex-funcionário da Globant. E, embora eu devesse estar irritado, a verdade é que estou orgulhoso – e posso atestar sobre a tecnologia. E é por isso que devemos selecionar o Brian". As palavras de Martin convenceram o outro participante, e Brian foi, de fato, selecionado.

Fiquei feliz com a resolução, por causa não só do resultado, mas também da forma como se desenrolou. Em primeiro lugar, não era culpa de Brian se o Viva Real fora supervalorizado por uma bolha no Brasil. Uma empresa deve ser responsabilizada quando um mercado está inflado? Acho que não. Essa é uma pergunta que apareceu muito no fim dos anos 2010. Mas, naquela época – antes de o SoftBank aparecer na cena –, isso era um território inexplorado, e Brian, por acaso, ficou preso no meio dele.

Ele estava confiante demais? Talvez. Contudo, como dizer a alguém que sua seleção não é tão garantida quanto se esperava? O jeito de fazer isso é dando as boas e as más notícias. No caso de Brian, a boa notícia era que ele agora se tornaria um empreendedor Endeavor. A má notícia era que fora realmente por pouco – mas também era uma oportunidade de pensar no que ele poderia ter feito diferente.

O que mais amo nessa história, e de que sempre me lembrarei, é como tudo isso refletiu bem nosso ecossistema. Lá estava aquele pequeno mercado em que as pessoas disputavam agressivamente os talentos. Que incrível, então, que a pessoa que acabasse falando em favor de Brian fosse aquela que perdera recentemente um de seus principais funcionários de tecnologia para o Viva Real. Em vez de ficar ressentido com o que poderia ser percebido como roubo de funcionário, Martin foi um grande apoiador. Fiquei orgulhosa, sentindo que estávamos todos juntos nisso, semeando aquele ecossistema fértil.

Quanto a Brian, eu sempre soube que ele era muito merecedor. E ele sabia que eu permitira que a conversa continuasse por mais tempo que o normal para que ele fosse selecionado. Mais tarde, quando o encontrei em meu escritório em Nova York, nos conectamos ainda mais. Fiquei sabendo, por exemplo, de sua criação incomum como filho de pais com experiência em psicologia. Aparentemente, depois de voltar da Espanha, ele falara com os pais para entender melhor por que poderia ter parecido arrogante aquele dia – estava muito em desacordo com sua autopercepção.

Fiquei impressionada com a abertura de Brian e com quão disposto ele estava a se autoanalisar e autocriticar. O processo de seleção sofrido o fizera questionar tudo. Mas é isso que é ser empreendedor, e é por isso que o livro de Brian é tão importante e necessário. A história de quase todos os fundadores, em especial de empresas financiadas por venture capital, é repleta de altos e baixos, idas e vindas, e provavelmente muitos erros. Aí, claro, há os desafios pessoais, as decisões difíceis e os sacrifícios enormes – de relacionamentos, saúde e muito mais.

Você chegou a este livro porque quer saber a verdade nua e crua. Deseja essas vozes e histórias autênticas. E é exatamente isso que distingue Brian. Ele não é apenas um empreendedor incrível que já impactou muito o ecossistema brasileiro. Isso em si é muito importante, claro. Mas o que realmente o torna especial é a honestidade de sua voz. Ele está disposto a ir aonde a maioria de nós não vai, a cavar fundo e se defrontar com algumas verdades desconfortáveis. Todos podemos aprender muito com a história do Viva Real e os insights brutos que Brian compartilha nos capítulos a seguir.

Em resumo, você precisa ler este livro. Todo empreendedor ou empreendedora precisa ler este livro.

O QUE VOCÊ TIRARÁ DELE

Se você é um(a) leitor(a) familiarizado(a) com os *best-sellers* de Ben Horowitz, pense em *A real sobre empreender* como *O lado difícil das situações difíceis* para o mercado brasileiro emergente.

Em particular, Brian aprendeu muito no processo de levantar capital e agora está compartilhando como forma de equilibrar o que vê, com razão, como assimetria de informações. Investidores fazem isso todos os dias, enquanto empreendedores fazem quatro ou cinco vezes no total. Por definição, estes têm menos experiência. Precisam de toda a informação que conseguirem. No mundo atual, acredito ser mais importante que nunca que empreendedores façam perguntas diretas sobre se seus potenciais financiadores querem crescimento, lucratividade ou ambos, em qual velocidade, a quantidade, e assim por diante.

Brian mostra aos empreendedores como *ir atrás do que quer* – não só em relação ao *term sheet* e aos aspectos financeiros, mas em todas as decisões importantes.

Você precisa saber o que vai acontecer quando as coisas ficarem difíceis. Confia que seus investidores vão proteger o longo prazo? Empreendedores têm visão de dez ou vinte anos de seu negócio, mas investidores, muitas vezes, têm um horizonte temporal bem mais curto. Quando tudo vai bem, todos estão em sintonia. O problema do desalinhamento só entra em foco durante os tempos difíceis. E, enquanto escrevo este prefácio para Brian, no meio de uma crise sanitária e econômica, certamente parece que haverá tempos difíceis no horizonte.

É por isso que os conselhos de Brian aqui são tão importantes. Ele ensina aos leitores a não só conseguir a melhor avaliação ou a maior quantia de dinheiro, mas a fazer as perguntas difíceis.

UMA NOVA GERAÇÃO DE EMPREENDEDORES

Quando a Endeavor Brasil abriu seu primeiro escritório, em 2000, de novo, a palavra "empreendedor" não tinha se popularizado, e havia pouquíssimos exemplos de sucesso independente em tecnologia. Para deixar claro, *havia* empreendedores no Brasil e *sempre houve* empreendedores no Brasil. Mas não muito em tecnologia. Então, quando olhamos para alguém como Brian ou Paulo Veras, da 99, seu sucesso é ainda mais impressionante, dado quão difícil era levantar capital na época. Para fundos como Redpoint e Monashees, que chegaram cedo, também era difícil – porque a economia brasileira não parava de flutuar.

Atualmente, o Brasil está tomando seu lugar de direito no palco global em termos de tecnologia. Há dez anos, uma empresa brasileira do ramo só focava o país. Hoje, porém, estamos vendo a tecnologia brasileira se globalizar. E é apenas o começo. Só estamos arranhando a superfície de todos os talentos tecnológicos vindos do Brasil e de todas as empresas interessantes e inovadoras nesse setor.

É POR ISSO QUE OS CONSELHOS DE BRIAN AQUI SÃO TÃO IMPORTANTES. ELE ENSINA AOS LEITORES A NÃO SÓ CONSEGUIR A MELHOR AVALIAÇÃO OU A MAIOR QUANTIA DE DINHEIRO, MAS A FAZER AS PERGUNTAS DIFÍCEIS.

A grande questão é: como todos esses empreendedores talentosos – aqueles que já existem e os que ainda virão – podem construir empresas de modo *sustentável*? É aí que o livro de Brian pode ajudar fundadores a pensar no tipo de capital que querem levantar, no tipo de investidores com os quais querem estabelecer parcerias e nos erros que, com sorte, podem evitar aprendendo com o exemplo de Brian.

É ótimo que fundadores de startups brasileiras de tecnologia finalmente estejam se globalizando. Mas isso também significa que eles – você – precisam ser mais esclarecidos e mais introspectivos, dispostos a refletir e a aprender com os erros alheios. Felizmente, Brian já *esteve lá*, passou por tudo e agora está compartilhando sua montanha-russa como empreendedor, revelando seus altos e baixos, na esperança de ajudar a inspirar a todos nós.

Como empreendedores, muitas vezes nos ensinam a sermos extrovertidos. Faz algum sentido: temos de vender o tempo todo, vender nossas visões, nossos produtos e serviços, convencer as pessoas do porquê trabalhar conosco ou investir em nossos negócios. É um trabalho de olhar para fora, em que se corre a um milhão de quilômetros por hora. Quantos de nós temos tempo, habilidades ou coragem para olhar mais profundamente dentro de nós mesmos?

Quais são nossas reais motivações? Como pensamos sobre essa coisa que estamos perseguindo apaixonadamente, dia após dia? Será que nossa percepção de nós mesmos mudará se, digamos, aceitarmos essa rodada, expandirmos rápido demais, demitirmos tal pessoa etc.? São perguntas difíceis, mas, felizmente, Brian tem a vontade e as ferramentas para nos ajudar a responder a todas elas.

Por mais que seja um empreendedor tremendo, em essência Brian é um educador que acredita no efeito do exemplo e na corrente do bem. É precisamente o que ele fez com este livro essencial.

INTRODUÇÃO
JORNADA DE UM FUNDADOR

Era manhã de quinta-feira – 7 de maio de 2019 –, quando acordei e vi o e-mail. O assunto era "LOI", *Letter of Intent*, em inglês, ou Carta de Intenções. Respirei fundo e cliquei no anexo. Tratava-se do que chamamos *term sheet*, detalhando as bases do acordo.

Oferta de seiscentos a setecentos milhões de dólares em dinheiro para negociar a venda de nossa empresa, Grupo ZAP Viva Real.

Voltando um ano: tínhamos passado toda a primeira metade de 2018 tentando levantar dinheiro – e *fracassado completamente*. Havíamos acabado de realizar uma fusão com a Zap Imóveis, do Grupo Globo. Estávamos lidando com um imenso choque cultural, mas eu tinha a expectativa de que, quando superássemos isso, teríamos uma empresa híbrida extremamente valiosa. Tínhamos conseguido reuniões com duas investidoras muito respeitadas, Warburg Pincus e General Atlantic, mas não fomos longe com nenhuma delas. Nos dois casos, havia um abismo significativo entre a avaliação do valor da empresa (o que, em inglês, chamamos *valuation*) e o que estávamos esperando.

Olhando em retrospecto agora, provavelmente eu deveria ter aceitado o *term sheet* da General Atlantic e de seu investidor lendário, Martin Escobari. Não era nada próximo dos mais de seiscentos milhões de dólares desse novo *term sheet*. Aliás, nossa empresa estava sendo avaliada em um *down-round* significativo, ou seja, por um valor muito menor que durante nossa rodada anterior de investimentos, vários anos antes. Todavia, se tivéssemos aceitado o capital da GA, talvez pudéssemos ter reativado nosso crescimento antes – o que nos teria dado mais opções e permitido que vendêssemos o negócio por um preço bem maior no futuro ou continuássemos operando e fizéssemos uma IPO [oferta pública inicial, na sigla em inglês] nos Estados Unidos. Não há como saber, e, no fim, o que passou, passou. Esse é o jogo em empreendedorismo. Não se pode viver de arrependimentos; só podemos seguir em frente.

Durante o processo de levantar capital após a fusão, minha percepção foi de que a empresa valia pelo menos duas vezes mais que aquilo que estava sendo oferecido. Mas o feedback que recebemos na época foi de que nossas expectativas – especificamente as minhas e as de meu sucessor como CEO, Lucas Vargas –, eram altas demais. É assim que as coisas acontecem quando você vai ao mercado: goste ou não, você descobre onde *o mercado acha que você está* em termos de valor.

Foi uma surpresa desagradável. O calvário todo fora bem desmoralizante. Parecia que alguns dos membros do nosso conselho estavam perdendo a confiança em nós.

No entanto, um ano depois, em maio de 2019, estávamos recebendo uma oferta com quase o *dobro* do valor de antes. Era uma boa oferta, uma oferta justa. Mas, para ser sincero, até os seiscentos a setecentos milhões de dólares pareciam pouco. Mais uma

INTRODUÇÃO: **JORNADA DE UM FUNDADOR**

vez, não chegava às minhas expectativas nem às de muitos de nossos investidores atuais. Eu sabia que vários desses indivíduos teriam lucro zero com a transação: a tendência era empatar, ou seja, receber de volta seu dinheiro, porém nada mais.

Considerando tudo, talvez não tenha sido a transação dos meus sonhos, mas era o dobro do valor em comparação a quando tínhamos tentado levantar capital em 2018, levando em conta também que havíamos falhado terrivelmente. Por isso, fiquei grato.

Ainda assim, eu tinha uma mistura de sentimentos: enquanto parte de mim estava genuinamente eufórica por ver o mercado nos avaliando mais próximo do que eu acreditava ser justo, havia, em contrapartida, algo agridoce em concretizar a venda da empresa. Como ver os filhos saindo de casa. No que dizia respeito ao trabalho que fazíamos de fato no Grupo ZAP Viva Real, eu sentia que ainda faltava algo para ter impacto positivo e transformar o mercado imobiliário.

Contemplando tudo isso na manhã em que recebi a nova oferta, olhei de novo para a tela do meu laptop e fui transportado para uma lembrança ainda mais antiga.

Em 2009, quando tínhamos acabado de começar nosso negócio e lançar o site, estávamos procurando um investimento de capital semente e conseguimos uma reunião com uma proeminente empresa de investimento em tecnologia. Eles foram para a Colômbia, onde estávamos localizados, e menos de cinco minutos após o início da reunião – nem tivemos a chance de começar a apresentação! – nos disseram diretamente que iam investir uma soma de dez milhões de dólares em nosso concorrente. Eles nos encorajaram a encontrar um novo foco para o nosso negócio, em um mercado geograficamente diferente, para não competir com seu novo investimento.

Quero deixar claro que não condeno a empresa por isso. Aliás, agradeci a sinceridade. Eles poderiam, tranquilamente, não nos ter revelado esse investimento, porque não era público, e usar a oportunidade para captar informações confidenciais sobre nossa empresa para tirar vantagem. O fato de não terem feito isso e sido abertos e transparentes conosco é prova de seu profissionalismo.

Até hoje, respeito a forma como eles lidaram com aquela situação. Mas com certeza não era o resultado que eu esperava – isso para dizer o mínimo. Para ser sincero, fiquei arrasado: fui para casa naquele dia e chorei. Eu colocara todos os meus ovos em uma cesta. Minha esposa e eu tínhamos acabado de vender nosso apartamento e colocar o dinheiro da venda na empresa. Era quase tudo de que dispúnhamos. Agora, eu precisava ir para casa e dar a notícia a ela. Não só isso, mas um querido amigo também investira bastante dinheiro, assim como meu pai.

Para piorar a situação, a empresa nos fez uma oferta informal de nos comprar por cerca de duas vezes o que havíamos investido, que era mais ou menos meio milhão de dólares. Foi um tapa na cara, um modo de nos tirar do jogo. Para todos os efeitos, eles estavam nos mandando uma mensagem: vamos acabar com vocês, e deveriam ficar gratos de simplesmente receber seu dinheiro de volta (com um pequeno lucro).

Não aceitamos a oferta.

Durante os anos seguintes, escalamos nosso negócio e fomos bem-sucedidos, acabando por ofuscar aquele concorrente inicial em que a tal empresa investira.

Contudo, no início de 2018, quando fomos para o mercado tentar levantar capital, estávamos enfrentando novos desafios. Tínhamos acabado de fundir o Viva Real com o ZAP, outro

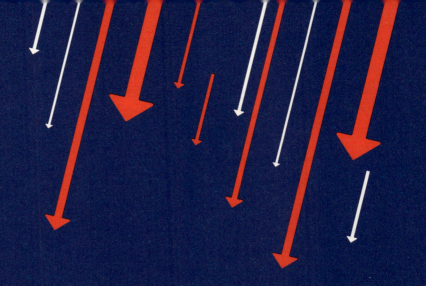

AINDA ASSIM, EU TINHA UMA MISTURA DE SENTIMENTOS: ENQUANTO PARTE DE MIM ESTAVA GENUINAMENTE EUFÓRICA POR VER O MERCADO NOS AVALIANDO MAIS PRÓXIMO DO QUE EU ACREDITAVA SER JUSTO, HAVIA, EM CONTRAPARTIDA, ALGO AGRIDOCE EM CONCRETIZAR A VENDA DA EMPRESA.

enorme site imobiliário no Brasil, e sofrido as dores dessa transação. A lógica industrial do negócio era óbvia, mas, sempre que se colocam juntos dois concorrentes de porte igual, que estão brigando há anos, existem grandes desafios. Ambas as empresas tinham um efetivo inflado; portanto, ao juntar as duas, acabamos tendo que abrir mão de quatrocentas pessoas. O resultado foi que, pela primeira vez em muitos anos, a previsão para nosso negócio era irrisória. Estávamos diante de crescimento zero ou potencialmente negativo. Isso costuma ser a morte de empresas financiadas por venture capital.

Em retrospecto, tentar levantar capital naquela conjuntura era problemático. Dado que nosso negócio apresentava queda temporária, alguns membros do conselho estavam dispostos a levantar dinheiro em uma rodada de captação que colocava o *valuation* da empresa a um valor menor do que considerávamos justo. Ao mesmo tempo, muitos de nós, inclusive eu, tinham grandes expectativas, e provavelmente éramos agressivos demais em termos do que queríamos levantar.

Simplesmente caímos de cara no chão.

E é por isso que, em retrospecto, senti alívio ao receber o e-mail em maio do ano seguinte. Era como se a esperança se restaurasse. Ao longo de 2018, havia uma espécie de sombra em nossa empresa, como se o navio estivesse afundando. Para começar, o dinheiro jorrava em alguns de nossos concorrentes: outras startups do meio imobiliário (*proptechs*) que agora eram percebidas, certo ou errado, como sendo mais atrativas que nós. Também não ajudava nosso vice-presidente de engenharia quase ter sido levado para outra empresa. O cargo dele era especialmente crítico em uma época em que estávamos tentando integrar duas plataformas de tecnologias diversas.

Lembro-me de um mês em especial, agosto de 2018, quando parecia que tudo o que tínhamos construído, tudo com que eu havia sonhado, talvez desmoronasse. Pensar naquela época horrível me ajudou a colocar o novo acontecimento em perspectiva: apenas nove meses antes, nossa empresa estava tão incerta que sua própria existência parecia estar em risco, e agora aqui estávamos, em uma situação muito melhor.

Além do mais, aqui estávamos *dez anos* depois de lançar nosso negócio e rejeitar a oferta informal que tinha a intenção indireta de nos golpear e tirar da competição – com alguém agora oferecendo de seiscentas a setecentas vezes aquele valor para comprar nossa empresa!

Startups são a mais louca das montanhas-russas.

É uma sensação estranha. Como empreendedor ou empreendedora, você passa muito tempo carregando o enorme peso de todos os que apostaram, que acreditaram e investiram em você no início. Aí, em um único momento – *tá-dá* –, tudo muda, e você percebe que vai ganhar potencialmente *um monte de dinheiro* para algumas daquelas pessoas.

Isso por si só é gratificante, embora meu impulso, ao começar o negócio, não fosse enriquecer nem deixar os outros ricos. Sim, o pensamento de ter liberdade financeira é algo a que sempre aspirei, mas não foi o motivo de eu me tornar empreendedor.

TORNANDO-ME EMPREENDEDOR

Aprendi a palavra "empreendedor" com meu pai, quando ainda estava no primeiro ano do Ensino Médio. Na época, começara meu próprio pequeno negócio: aulas particulares de natação na piscina dos fundos da casa dos meus pais em Sebastopol, Califórnia.

A nova palavra me tocou. Talvez em razão do que estava fazendo e de onde queria chegar na vida. No entanto, quando cometi o erro de exibir a nova palavra chique para meus amigos, eles riram de mim: "Ahhhh, então você agora é empreendedor?". Provavelmente, mereci a leve provocação que recebi. Mas isso não me impedia de dizê-la e pensar sobre ela o tempo todo. A palavra ficou comigo.

Muitos anos depois, após viver na América Latina e construir negócios na região, fiquei fascinado em descobrir que essa palavra, em português, só passou a existir no léxico popular brasileiro nos últimos vinte anos, como Linda contou anteriormente. (Antes disso, a palavra era "empresário", que traz à mente um homem de negócios sóbrio de terno.)

Aliás, foi a organização de empreendedorismo Endeavor e sua cofundadora/CEO, Linda Rottenberg (que escreveu o prefácio deste livro!), que ajudaram a popularizar a palavra "empreendedor" no Brasil e no restante da América Latina, no fim dos anos 1990.

A palavra "empreendedor", em português, não existia no léxico popular até vinte anos atrás!

Quando viajei para o Rio de Janeiro pela primeira vez, em 2001, tentei falar em espanhol (como a maioria dos gringos). As pessoas eram educadas, mas rapidamente percebi que o Brasil é diferente. Apesar de ser parte da América Latina, eu vi que o país tinha a própria identidade, forte e única. Eu amava a energia das pessoas. Durante minha curta viagem, percebi que voltaria. Não sabia como nem por que, mas uma semente foi plantada, e eu sabia que estava predestinado a voltar.

INTRODUÇÃO: JORNADA DE UM FUNDADOR

Alguns anos antes, aos 23, entrei no meu carro com um amigo e dirigi da Califórnia até o México e, no fim, à Costa Rica. Dali, vendi meu carro e comprei uma passagem só de ida para a Colômbia. Meu objetivo era chegar à Patagônia. Mas também queria visitar Andrea, que depois se tornaria minha esposa. Eu a conheci na faculdade, em San Diego. Ela é colombiana e, após se formar, voltara ao seu país de origem.

Meu plano era passar alguns meses na Colômbia e seguir para o Brasil. Mas três meses viraram sete anos: Andrea e eu nos casamos e moramos em Bogotá até 2010. Após breve retorno aos Estados Unidos, nos mudamos para o Brasil, onde logo começamos uma família.

Foi nessa época que <u>meu amor e minha paixão por essa região do mundo se uniram em grande escala ao meu antigo desejo de construir minha própria empresa</u>. Eu começara o Viva Real, um portal imobiliário on-line, alguns anos antes e geria o negócio com meu cofundador, Thomas Floracks, na Colômbia, onde o custo de vida era baixo. Contudo, em certo ponto, tomamos a decisão de mudar nosso foco de tentar servir muitos mercados da América Latina a ter como alvo apenas o maior deles: o Brasil. Diego Simon fundou a operação brasileira e liderou o negócio no país até eu poder me mudar definitivamente.

Tendo desejado ser empreendedor desde que aprendi o termo com meu pai, sempre fui inspirado a seguir meu próprio caminho, a construir valor por mim mesmo e a perseguir meus sonhos. Como mencionei antes, não comecei meu negócio para ficar rico: minha principal motivação era criar algo de que pudesse me orgulhar e que causasse impacto.

Isto é importante e uma lição que explorarei nos capítulos seguintes: se você começar um negócio levado apenas pelo dinheiro, é mais provável que desista quando as coisas ficarem difíceis.

O dinheiro é, de fato, parte de ser empreendedor, mas é, de modo ideal, consequência de ter *paixão* pelo que se está fazendo.

Abrir o Viva Real, mudar-me para a Colômbia e depois para o Brasil, tudo isso foi a expressão dessa paixão profunda. Mas mesmo essa paixão não foi suficiente para me alimentar durante as épocas difíceis. Minha jornada ao longo daqueles anos, sinceramente, foi cheia de altos e baixos. Com frequência, eu me sentia perdido na imensidão. Hoje, é diferente: há muita informação sobre como construir negócios. Há dez anos, porém, esses recursos eram raros. Eu buscava orientação onde conseguia.

Para mim, o espírito do empreendedorismo é *compartilhar experiências*, e sei que aprendi muito com outros que falaram e escreveram publicamente sobre seus sucessos e fracassos.

Acredito que esse espírito de compartilhar e fazer uma corrente do bem é a chave para fomentar ecossistemas saudáveis. É assim que os ambientes empreendedores mais sólidos são alimentados: pelo ciclo virtuoso de ter sucesso e, então, ajudar e reinvestir em líderes futuros.

No Brasil, essa dinâmica ainda é incipiente. Sim, há muita gente incrível que veio antes de mim e compartilhou suas experiências e seus insights, mas o cenário social e econômico para incubar o empreendedorismo local e ajudá-lo a florescer continua nos estágios iniciais de desenvolvimento.

Sinto-me compelido a ver a região se esforçando e prosperando. Tendo dado tanto *a mim*, sinto-me extremamente grato ao país e ao povo brasileiro. Inclusive, dos quase 50 investimentos

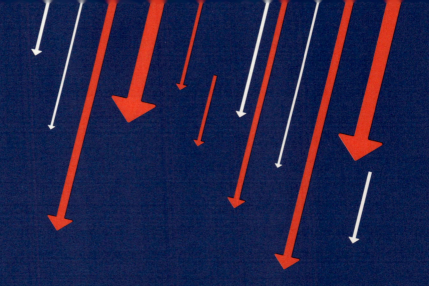

PARA MIM, O ESPÍRITO DO EMPREENDEDORISMO É COMPARTILHAR EXPERIÊNCIAS, E SEI QUE APRENDI MUITO COM OUTROS QUE FALARAM E ESCREVERAM PUBLICAMENTE SOBRE SEUS SUCESSOS E FRACASSOS.

que fiz (até a escrita deste livro) como investidor-anjo, a maioria foi no Brasil.

Estou apostando não só na atual leva de empreendedores, mas no futuro do Brasil. Estou convencido de que, com talento e oportunidades, o futuro é promissor para o maior e mais influente país da América do Sul. Acredito que o empreendedorismo é uma enorme alavanca de mobilidade social e prosperidade, e estou totalmente comprometido a ajudar a criar essas mudanças.

O espírito de ecossistemas de startups que prosperam envolve fundadores que compartilham suas experiências, criando uma corrente do bem e reinvestindo em futuros líderes.

Na última década, tive o privilégio de poder sustentar a mim e à minha família com trabalhos e oportunidades nascidas nesta região – e, de novo, por isso, sou extremamente grato. É um mercado historicamente negligenciado por investidores e empreendedores. Não é por falta de talento. O Brasil simplesmente não esteve no radar de muita gente, e, mais uma vez, seu ecossistema empreendedor ainda está na infância. Mas isso está mudando, e rápido!

Embora as consequências econômicas da pandemia de covid-19 de 2020 trarão, por certo, grandes desafios para empreendedores e investidores, também provavelmente veremos novas oportunidades nascidas da crise. Lembro-me de como, no norte da Califórnia, onde moro, fomos atingidos por vários incêndios florestais nos últimos anos. Essas ocorrências anuais foram devastadoras, de várias formas, para nossa comunidade, mas um fenômeno impressionante é que existe uma flor específica que só aparece depois de um incêndio: a linda e rara malva-rosa (*Iliamna bakeri*), conhecida em inglês como *Baker's globe mallow*, famosa por florescer na terra queimada.

Vejo-a como símbolo de como algo belo pode nascer das cinzas do caos e do desastre, e a realidade é que – não importam os desafios que venham à frente – continuo otimista com o ecossistema brasileiro, convencido de que, nos próximos anos e décadas, muitos empregos serão criados, a classe média crescerá e a prosperidade se expandirá pela região. Não é uma afirmação sobre a política do país, já que esse é um tema complicado, que não cabe neste livro, mas, sim, algo enraizado em minha forte crença de que o empreendedorismo pode ter impacto significativo na sociedade.

Quero ser parte de *tudo* isso. E você?

ENCONTRANDO SEU CAMINHO

Você chegou a este livro, é claro, porque tem interesse em abrir um negócio no Brasil. Talvez seja um fundador, uma fundadora ou aspirante, um(a) funcionário(a) novato(a) de uma empresa de tecnologia. Sente-se um pouco perdido, como eu me sentia. Inseguro. Incerto do que é preciso ou de quais devem ser as prioridades ao seguir por esse caminho. A jornada pode ser solitária.

Talvez, por enquanto, você só tenha uma *ideia* de negócio. Ou talvez já tenha seus engenheiros e esteja construindo seu Produto Mínimo Viável (MVP, na sigla em inglês). Onde quer que esteja em sua jornada – de fundar, escalar e levantar venture capital no Brasil –, tenho a humilde esperança de que possa usar este livro como o recurso que eu desejava que alguém tivesse me dado.

Vale a pena destacar aqui que levantar venture capital, em particular, não é para todos. Há certos tipos de negócios e startups que definitivamente *não devem* levantar capital com investidores externos, e explicarei essas distinções em profundidade nos capítulos a seguir.

Quer *você* esteja ou não interessado em levantar capital, os insights por todo o livro, acredito, serão interessantes e informativos para leitores(as) e empreendedores(as) de todos os tipos.

Outra advertência importante: o que coloquei nestas páginas certamente não é a única maneira de seguir sua jornada. Nem o livro foi concebido como um manual de instruções. Mas ele tem, sim, muitos conselhos específicos e práticos, além de conclusões sobre como estruturar seu negócio, como moldar as decisões cruciais que terá de tomar, como contratar bons funcionários e até, por exemplo, como criar um plano de opção de compra de ações.

No fim, o que espero que você tire dos capítulos a seguir é uma dose saudável de inspiração – para não se sentir sozinho(a) na luta –, além de algumas pérolas de insight para ajudá-lo(a) a preparar-se para situações e desafios futuros (ou até dar-lhe uma nova perspectiva sobre algo que já aconteceu).

Ao longo de todo o livro, uso minha própria história empreendedora para mostrar como minhas dificuldades e provações fazendo meu negócio, o Viva Real, crescer provavelmente ressoarão com as experiências do *seu* dia a dia – esteja você ainda no estágio de planejamento, no meio do ciclo de vida de seu negócio ou já tendo passado por tudo.

De novo, cometi *muitos* erros em minha jornada, como logo será revelado. Não estou escrevendo como quem tem todas as respostas ou fez tudo certo. O livro não tem a intenção de ser um evangelho de negócios, mas, sim, princípios soltos baseados em tudo o que aprendi com meus sucessos e fracassos – além de lições valiosas que absorvi de meus próprios mentores.

INTRODUÇÃO: JORNADA DE UM FUNDADOR

Quando estava começando, <u>eu não tinha ideia do que significavam os diferentes termos em um *term sheet*</u>. Precisei ir para a Wikipédia ver as definições! No fim, porém, consegui construir relacionamentos com algumas referências incríveis que me guiaram. Levou muito tempo, mas fez toda a diferença ter acesso a essas pessoas e à expertise que adquiriram com muito trabalho duro.

Quando penso sobre como era dez ou quinze anos atrás, a verdade é que nunca teria imaginado quanto aprenderia durante todo o processo.

Você também pode. Parte disso é mergulhar de cabeça e descobrir como nadar simplesmente nadando. Mas parte disso também é aprender com os outros. Tenho muita sorte de ter tido pessoas (inclusive muitos investidores de minha empresa) bastante generosas com seu tempo e seus conselhos.

Agora, com este livro, quero fazer por você o que elas fizeram por mim.

O MAIS IMPORTANTE

Quero deixar claro: mesmo com todos os recursos do mundo, sua jornada não vai ser um passeio no parque. Não quero dourar a pílula. Fundar e escalar um negócio, levantar capital... tudo isso é difícil. A vida de um empreendedor é estressante. Há muitas coisas desconhecidas. Pode ser altamente desmoralizante.

Para mim, porém, e espero que para você também, o que faz tudo valer a pena é o processo criativo, a oportunidade de desafiar-se e superar obstáculos. <u>Construir o próprio negócio é o maior acelerador de crescimento pessoal e profissional.</u>

A REAL SOBRE EMPREENDER

Sei que fico constantemente surpreso pelo que eu e as pessoas com quem trabalhei conseguimos conquistar juntos, de *quanto* somos capazes. O empreendedor e investidor mais bem-sucedido do Brasil, Jorge Paulo Lemann, tem um ditado: "Sonhar grande e sonhar pequeno dá o mesmo trabalho. Então, sonhe grande!". Tudo começa com uma crença em algo. Sonhar grande permite que você conquiste coisas grandes. Se sonhar pequeno, você conquistará coisas pequenas.

Procure pelo GRANDE potencial.

O Brasil, claro, é um país com potencial incrível. Todavia, quanto mais você esperar sentado, mais provável será que outra pessoa venha e tire vantagem das oportunidades.

Aja agora. Por que não deveria ser *você* a conquistar coisas grandes?

Eu entendo: talvez você não tenha certeza de que tem o necessário. Talvez não tenha feito a melhor faculdade ou tirado as melhores notas. Bem, quer saber? Eu também não!

Pode ter virado clichê, mas concordo totalmente com o que o grande empreendedor estadunidense Thomas Edison disse sobre genialidade: é 1% inspiração e 99% transpiração. Vi algumas das pessoas mais inteligentes perderem oportunidades. Tinham todo o potencial do mundo, mas não o aproveitaram.

Quanto a mim, quando me mudei para o Brasil, não conhecia ninguém. Quase não tinha dinheiro. Mas me esforcei muito. Trabalhei *duro* e não desisti. Não fiz isso sozinho, mas foi solitário.

Você vai ter altos e baixos, sem dúvida. Mas, desde que tenha clareza sobre os desafios e esteja disposto a suportar a dor – e a abraçar o espírito de correr atrás e fazer o negócio acontecer, com determinação e tenacidade –, será tão capaz de criar um enorme impacto quanto qualquer um.

INTRODUÇÃO: JORNADA DE UM FUNDADOR

Acredite em si. Como empreendedor ou empreendedora, você precisa ter um nível de determinação e de convicção que, por vezes, beira o egoísmo. Mas também precisa ouvir, ouvir *mesmo*. Ter a humildade de aprender com os outros e a coragem de pedir conselhos.

Se consegui fazer tudo isso, você também consegue.

Vou mostrar como.

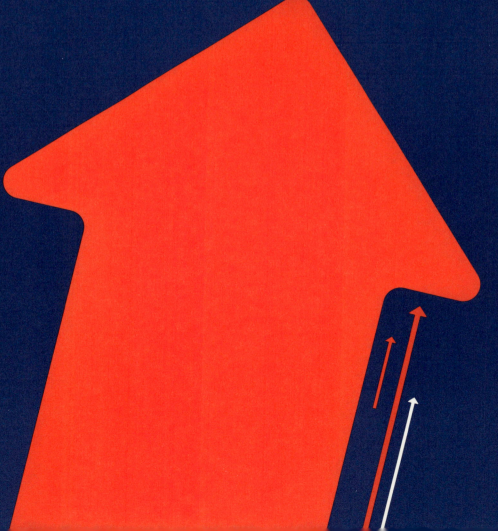

ADMINISTRANDO SUA PSIQUE

CAPÍTULO 1
O MELHOR
E O PIOR DIA
DA SUA VIDA
NO MESMO DIA

Em 2014, escrevi uma carta pessoal a Ben Horowitz, famoso empreendedor e cofundador da empresa de venture capital Andreessen Horowitz. Eu acabara de ler o livro dele, *O lado difícil das situações difíceis*, que me marcou profundamente – em especial as partes sobre estresse e ansiedade, solidão e isolamento, que ele e outros CEOs sentem com tanta frequência.

À época, eu enfrentava meus próprios desafios e os descrevi a ele em minha carta. Ironicamente, havia pouco eu fora nomeado Empreendedor do Ano no Brasil, e o Viva Real acabara de levantar muito capital – mas eu sentia que estávamos desperdiçando um monte desse dinheiro.

Era um momento estranho em minha vida e para nossa empresa. De fora, tudo parecia cor-de-rosa. Eu era visto como uma história de sucesso por ter ganhado o prêmio: ele solidificou o status do Viva Real nos mais altos níveis do ecossistema brasileiro de startups. Mas o contraste com o clima interno não podia ser maior. Ainda estávamos em um prédio caindo aos pedaços. Acabara de haver um apagão em que ficamos sem eletricidade por dias a fio. *Tudo* estava desmoronando no escritório, do prédio em si até como estávamos (ou, na realidade, não estávamos) nos comunicando com nossos clientes.

Lembro-me de me sentir no fundo do poço e chateado com o abismo entre percepção e a realidade por trás das cenas. Por alguns dias, mal consegui sair da cama. Aí, na noite da cerimônia de premiação, eu deveria fazer um pequeno discurso, mas mal conseguia reunir um punhado de palavras. Assim que acabou, fugi do local do evento. Minha mente estava envolvida demais com os desafios da empresa para curtir o momento.

No papel, era para ter sido o *melhor dia* para mim e o Viva Real. Estávamos sendo homenageados por nossa estimada comunidade de fundadores e investidores, destacados, entre todas as startups brasileiras, para um reconhecimento especial.

Mas, estranhamente, parecia mais o *pior dia*.

Acho que eram os dois. E para empreendedores é assim mesmo. Por um lado, é o que torna tudo tão emocionante: o melhor e o pior dia da sua vida, tudo no mesmo dia. Mas é suficiente para deixá-lo com tontura! Ouvi vários empreendedores com o mesmo sentimento. Talvez acordem de manhã com notícias horríveis, mas aí, à tarde, recebem o maior contrato do mundo.

Construir um negócio é uma montanha-russa emocional como nenhuma outra.

ESTA VIDA NÃO É PARA TODOS

Muitos empreendedores ou empreendedoras de primeira viagem se apaixonam pela *ideia* de ser o próprio chefe. São motivados(as) pelo sonho romântico da coisa, a suposta flexibilidade, não ter de responder a ninguém. Mas a realidade é muito diferente. Se você não tomar cuidado, pode acabar escravo dos próprios projetos. Aliás, o estresse e a ansiedade podem ser bem maiores que se você trabalhasse para outra pessoa.

Não há nada errado em começar uma empresa porque você quer ser seu(sua) próprio(a) chefe, mas entenda que, nesse caso, o que você realmente está buscando é um *negócio de estilo de vida* – algo que gere um bom dinheiro e possa financiar sua forma de viver. É um caminho perfeitamente válido para algumas pessoas. Mas este livro não trata disso.

Nos capítulos a seguir, você lerá sobre o que é necessário para fundar e escalar um tipo de negócio diferente, o tipo em que há enorme oportunidade de crescimento que atrairá as pessoas que querem se envolver com ele, sejam investidores ou grandes talentos buscando construir algo ambicioso e transformador.

Em negócios assim – em contraposição com negócios de estilo de vida –, o estresse e a ansiedade fazem parte do jogo. Isso é especialmente verdadeiro em empresas financiadas por venture capital, em que você sempre tem de prestar contas aos investidores. Não me leve a mal: você ainda pode estar no controle do próprio destino, mas não vou mentir, é uma vida difícil. Se sua motivação primária para a empreitada for ganhar dinheiro, bem, provavelmente esse não é o melhor jeito. Deixe-me ser claro: sou capitalista, e não há nada errado em querer ganhar muito dinheiro. O problema, como mencionado na Introdução, é que, quando se é motivado pelo dinheiro acima de tudo, fica mais difícil superar os momentos difíceis que inevitavelmente virão.

Você precisa ter um propósito maior de *por que* está fazendo o que está fazendo.

Suspeito de que muitos de vocês *já* têm essa compreensão. Estão motivados(as) a construir algo intrinsecamente maior, em escala, que possa ter impacto exponencial. Mas isso também quer dizer que provavelmente precisarão de algum capital – e levantar capital muda a dinâmica. Fica muito mais difícil achar um equilíbrio saudável.

Como empreendedor ou empreendedora, indo atrás de algo tão ambicioso, a verdade é que você vai precisar trabalhar pra caramba, constantemente, só para ter uma *chance* de superar todos os obstáculos que virão. Mesmo assim, não há garantias. Estar disposto a fazer o que for preciso, sempre que preciso, não é opcional. É o básico. Com certeza, você não pode apenas "desligar tudo" no fim do dia, como em um emprego regular, em que se trabalha para outra pessoa.

Você está procurando construir algo transformador ou só quer, na realidade, um negócio de estilo de vida?

Para deixar claro, equilíbrio é importante, e você descobrirá o que funciona para você. Vamos falar mais sobre isso no próximo capítulo. No entanto, se o que estiver buscando desde o início como objetivo principal for equilíbrio, sinto dizer que provavelmente está destinado a fracassar.

Com certeza, não encorajo nem aprovo trabalhar até morrer. Mas saiba em que está se metendo: a vida de um(a) empreendedor(a) financiado(a) por venture capital pende pesadamente na direção de virar noites trabalhando, estar ocupado(a) nos fins de semana e acordar no meio da noite porque o cérebro está acelerado tentando resolver determinado problema do negócio.

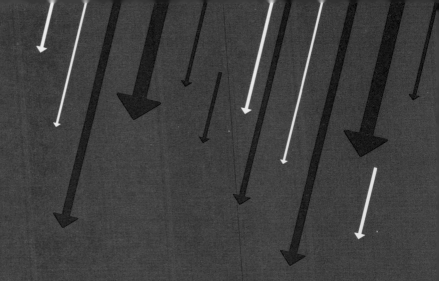

**ESTAR DISPOSTO A
FAZER O QUE FOR PRECISO,
SEMPRE QUE PRECISO,
NÃO É OPCIONAL.
É O BÁSICO.**

Pode ter certeza de que, se for fundador(a) de um negócio financiado por venture capital, em que esteja levantando dinheiro e correndo atrás de uma oportunidade tremendamente grande, você vai ter *muitas* dessas noites insones. Se tiver família para sustentar, o estresse provavelmente será ainda maior. Saber que eles dependem de você para pagar as contas e que talvez não acreditem tanto no sucesso da empresa torna a pressão ainda mais intensa. Por isso, é essencial que você, como fundador ou fundadora, consiga a adesão da família. Seja sempre sincero(a) com quem ama sobre quanto sua empreitada vai impactá-los. Do contrário, isso vai voltar para assombrá-lo(a).

Felizmente, há ferramentas que você pode usar e habilidades que pode desenvolver para lidar interiormente com esses desafios e não deixar o estresse e a ansiedade tomarem sua vida toda, como quase fizeram comigo em várias ocasiões.

O mais importante: não guarde a pressão. Compartilhe seus desafios com os outros.

CONSTRUINDO UMA COMUNIDADE

Uma das ações mais importantes que você pode tomar para proteger-se do isolamento estressante que amaldiçoa tantos empreendedores é encontrar sua rede de apoio pessoal, composta de indivíduos de confiança, com quem você realmente possa conversar. Recomendo buscar outros fundadores *que tenham feito o que você está fazendo*, tenham passado por situações similares e possam oferecer orientação sem julgamento.

O MELHOR E O PIOR DIA DA SUA VIDA *NO MESMO DIA* **57**

Nenhum homem é uma ilha, como dizem, e me apoiei muito em outros durante minha vida e carreira. Inclusive, uma das primeiras pessoas a assumir esse papel para mim foi alguém que conheci ainda na faculdade. Estudantes na San Diego State, eu e meu amigo, James, abrimos juntos uma empresa de carpetes. Na época, morávamos nos dormitórios da faculdade. Essas residências não eram nada impressionantes. Piores ainda eram os pisos de linóleo. Um dia, tive a ideia de ir à loja Sid's Carpet Barn e comprar um monte de sobras de carpete baratas. James dividia quarto comigo, e eu o recrutei para me acompanhar e convencer a Carpet Barn a nos dar todas aquelas sobras em consignação.

O plano funcionou: depois de conseguir os carpetes, ficamos plantados na frente dos dormitórios no primeiro dia de aula e os vendemos a pais que vinham trazer os filhos. Ao longo das semanas seguintes, mais e mais estudantes vieram comprá-los de nós. Fazíamos isso no início de cada semestre, e nosso esquema se tornou um enorme sucesso.

Avancemos para o último ano. Agora, James e eu morávamos na mesma casa. Vivíamos bolando ideias de negócios juntos. Tínhamos outro colega na casa, um holandês que trabalhava em uma startup de internet. James e Paul tiveram a ideia de criar um negócio de ingressos on-line. Convidaram-me para juntar-me a eles, mas, em vez disso, segui meu coração.

Para resumir: em 2003, meus dois colegas de casa foram a Londres lançar seu negócio de ingressos. Não fui com eles. Em vez disso, decidi não entrar no projeto e dirigi com outro amigo até o México, depois à Costa Rica, em uma aventura de seis meses. No fim, como você sabe pela Introdução, voei à Colômbia para visitar Andrea, que mais tarde se tornaria minha esposa.

Essa série de acontecimentos comigo e com meus amigos foi crucial: não só porque a decisão iniciou minha própria jornada empreendedora na América do Sul, mas também por causa do que aconteceu com a empresa de ingressos. Após se mudarem para Londres, meus dois ex-colegas de casa recrutaram outro amigo que basicamente pegou meu lugar no trio. O negócio foi incrivelmente bem, e, alguns anos depois, eles o venderam à Ticketmaster e ganharam muito dinheiro.

James, meu amigo de longa data, tornou-se multimilionário aos 27 anos e investiu parte do dinheiro em minha nova empresa. Mas foi mais que isso. Ele foi a primeira pessoa com quem de fato contei, não só financeiramente como também por sua sabedoria. Ele já passara por muito do processo de construir um negócio, levantar capital e mais. (Como investidor, sua experiência deu credibilidade ao meu projeto, embora ele ainda fosse muito jovem.)

Em um período de minha carreira em que eu lutava para decolar, James era uma ótima pessoa com quem falar dos desafios e de estratégia em geral, tendo ele mesmo construído um negócio on-line.

Eu também contava muito com meu pai naqueles primeiros anos. Ele é empreendedor, e muito de minha inspiração vem dele. Na época, ele tinha uma pequena empresa de pavimentação em minha cidade natal. No Ensino Médio, eu fazia trabalhos braçais para ele durante o verão. (Meu pai foi, ainda, uma fonte de capital no início do Viva Real, com James.)

Esses dois indivíduos – James e meu pai – foram uma enorme ajuda quando eu estava começando. Deram-me minha primeira orientação como empreendedor. Logo, porém, meu grupo de apoio cresceria e incluiria os investidores Simon Baker e

Greg Waldorf, de quem falarei com mais detalhes nos capítulos a seguir. Os conselhos que recebia deles eram um pouco mais profissionais, no sentido de que ambos eram investidores experientes, com profunda expertise quase exatamente naquilo que eu estava fazendo. Sua ajuda foi crucial no início. Eles me deram não só dinheiro e credibilidade – validação social –, mas um verdadeiro mapa de como construir um negócio.

Mais adiante em minha carreira, eu contaria com muitos outros, tanto mentores quanto colegas de várias organizações de empreendedores, como antídoto para as sensações persistentes de estresse e isolamento.

Não há como dourar a pílula: "é solitário no topo" pode ser um clichê, mas é 100% verdadeiro. Para sobreviver à vida de empreendedor repleta de estresse, em especial sendo fundador de uma empresa financiada por venture capital, é preciso desenvolver mecanismos de defesa para proteger-se do colapso. Você não conseguirá sozinho. Precisa de amigos, mentores, grupos de apoio.

Com quem você pode compartilhar o que está passando?

Quem em seu círculo profissional fez o que você está tentando fazer e teve algum sucesso? E como abordar alguém assim? Uma coisa é já ter um Simon Baker no círculo, mas, do contrário, como buscá-los? Muitos fundadores cometem o erro de não se aproximar de pessoas que não conhecem, supondo que esses indivíduos bem-sucedidos estarão ocupados demais ou não se importarão com seu projeto. Às vezes, é verdade, mas em outras você ficará surpreso com como esse pessoal é receptivo.

Dito isso, ainda há uma habilidade em buscar e desenvolver o tipo de relacionamento que acaba levando a alguma forma de mentoria. Uma boa regra geral é: *se você quer dinheiro, peça conselho; se quer conselho, peça dinheiro.* No meu caso, saber contar bem minha história fez toda a diferença para achar mentores e, no fim, capital. Contei a história do que eu queria construir, aonde queria ir e encontrei pessoas em posição de me ajudar – que já estavam, de alguma forma, conectadas ao mercado imobiliário e à tecnologia.

A questão é: *você* precisa fazer com que *eles* se interessem por você, e isso quer dizer descobrir o que vai motivá-los a ajudá-lo(a).

Mas lembre-se: convencer esses indivíduos a dar-lhe seu tempo é apenas o começo. Para tirar lições e insights valiosos dos relacionamentos, você também precisa estar disposto a se abrir e mostrar *vulnerabilidade*.

O PODER DA VULNERABILIDADE

Ser vulnerável e compartilhar com os outros suas ansiedades e inseguranças pode ser muito difícil para várias pessoas. É verdade que nem sempre é apropriado se mostrar como um livro completamente aberto. Depende da plateia. Mesmo entre seus investidores, que acredito serem grande fonte de apoio e orientação: você provavelmente vai querer revelar níveis diversos de vulnerabilidade com um investidor-anjo ou um investidor institucional. O primeiro é alguém que está 100% ao seu lado. O último também está, mas de modo diferente. A relação é um pouco mais transacional.

Claro, você não quer que *ninguém* ache que não sabe o que está fazendo. Investidores precisam ver que você tem boas ideias e clareza sobre o que está tentando construir. Mas também é

UMA BOA REGRA GERAL É: SE VOCÊ QUER DINHEIRO, PEÇA CONSELHO; SE QUER CONSELHO, PEÇA DINHEIRO.

importante mostrar que é capaz de ouvir e incorporar feedback. Se um investidor vai se envolver e tentar ajudar sua empresa, vai querer saber que você será receptivo(a) ao que ele tem a dizer.

Especialmente ao tentar convencer alguém a cruzar a linha de chegada para investir em sua empresa, você precisa expressar alguma humildade. Há uma grande diferença entre parecer que sabe o que está fazendo e agir como se *pensasse* que sabe tudo (o que é bem brochante). Pode parecer óbvio, mas você ficaria surpreso com quantas pessoas tentam projetar uma aura de sabe-tudo como uma espécie de cortina de fumaça, porque realmente têm algo a esconder.

Apenas para constar, esse comportamento também é comum entre investidores. Lembro-me de uma vez em que estava com um grupo de investidores de toda a América Latina e surgiu a pergunta: Quanto os fundadores devem ser abertos a ser treinados? O contexto era que certo investidor sentia que um dos fundadores na sala não estava ouvindo seu feedback. Talvez não estivesse. Mas descobri que a realidade é que muitos investidores *acham* que sabem mais sobre operar uma startup do que de fato sabem. Acreditam que estão certos, e o fundador, errado, quando o problema real é que, de seu ponto de vista limitado, eles simplesmente não têm a visão completa de todas as decisões complexas que precisam ser tomadas em uma startup.

Nem todos os investidores são assim, é claro. Por exemplo, alguns têm profunda experiência em iniciar e escalar uma startup ou expertise operacional significativa em um setor específico. Mas, mesmo assim, não é realista a curto prazo que eles tentem dissuadir um fundador de suas convicções. Bons investidores sabem disso.

Quanto ao investidor na sala aquele dia, tinha boas intenções, mas também, aos meus olhos, era inexperiente.

Às vezes, investidores podem ser insistentes, porém isso não quer dizer que você não deva levar os conselhos deles a sério – mesmo que acabe por rejeitá-los. No meu caso, meus investidores viram que eu realmente estava ouvindo, avaliando, abraçando o feedback, além de implementando pelo menos algumas das mudanças recomendadas. Isso os deixou mais conectados à minha história e ao que eu estava fazendo – e os inspirou a me ajudar e a apoiar mais.

No entanto, também houve vezes em que me mantive firme, apesar da oposição dos investidores. Por exemplo, lembro-me de debater com Hernan Kazah, da Kaszek Ventures (que, como você se lembrará do prefácio, é cofundador do Mercado Livre), nosso plano de limitar o foco geográfico do Viva Real e nos concentrar apenas no Brasil. Hernan vivera uma história diferente no Mercado Livre e, compreensivelmente, tinha uma perspectiva diversa. Ele questionou bastante intensamente por que não seria preferível focar diferentes mercados em paralelo. Insisti que precisávamos apostar tudo no Brasil, e, quando ele viu que eu não ia mudar de ideia – e também que meus argumentos eram racionais e sólidos –, rapidamente aceitou meu posicionamento.

Naquele cenário, eu tinha razão de confiar em mim mesmo e no que acreditava fortemente ser a melhor direção para nossa empresa. Mas houve várias outras vezes em que não escutei Hernan e os outros investidores, quando deveria tê-los ouvido! Às vezes, os fundadores só precisam aprender *fazendo*, em especial no que diz respeito a se permitir ser vulneráveis.

Durante os anos que se seguiram, aprendi o poder da vulnerabilidade, em particular com minha equipe. Aprendi que, se você buscar pessoas inteligentes sendo humilde, reconhecendo tudo o que não sabe, ficará embasbacado com quanto elas podem se doar e como estão dispostas a ajudar. A chave é simplesmente ser de fato curioso e sempre fazer muitas perguntas.

Quando estávamos contratando nossos primeiros executivos, selecionei três pessoas brilhantes, recém-saídas da Harvard Business School: Sasha, Lucas e Renata. Por certo, eram indivíduos excepcionalmente talentosos. Mas a dinâmica do grupo, de início, não foi excelente, o ambiente parecia competitivo. Então, um dia mostrei à equipe a hoje famosa palestra de Brené Brown chamada "O poder da vulnerabilidade".[1] Achei que podia ajudar todo mundo a baixar um pouco a guarda.

O vídeo não suscitou a reação que eu esperava. Eles podem não ter dito abertamente, mas de alguma maneira eu sabia que Sasha, Lucas, Renata e outros viam aquele TED Talk como fofinho demais, não essencial à missão. Ou, pelo menos, foi o que me pareceu à época. Só alguns anos depois falei de novo com Lucas, e de modo bastante detalhado, sobre vulnerabilidade. A essa altura, ele de fato começara a absorver e a valorizar esse princípio de se abrir e deixar as pessoas se aproximarem. Sasha e Renata também. Aliás, todos os três se tornaram líderes incríveis – e seres humanos fantásticos, com os quais aprendi muito.

Vulnerabilidade não é algo que se ensina na faculdade de Administração; é parte muito importante de criar confiança e uma dinâmica de equipe forte.

Aprender a ser vulnerável me ajudou em todos os meus relacionamentos, incluindo com minha equipe e meus vários

---

1   O PODER da vulnerabilidade. 2010. Vídeo (20min4s). TEDxHouston. Disponível em: https://www.ted.com/talks/brene_brown_the_power_of_vulnerability?language=pt-br. Acesso em: 11 nov. 2020.

O MELHOR E O PIOR DIA DA SUA VIDA *NO MESMO DIA* **65**

mentores. Já falamos sobre quanto se pode aprender se abrindo aos investidores, mas com frequência é possível aprender ainda *mais* com outros empreendedores. Por exemplo, eu tinha um investidor chamado Shaun Di Gregorio, CEO de uma empresa líder de mercado na Malásia, equivalente ao que estávamos tentando construir no Brasil. No início do Viva Real, quando eu pensava bastante sobre estratégia, voei para a Malásia em uma viagem de setenta e duas horas que foi um turbilhão, fiquei na casa de Shaun e o bombardeei com todas as perguntas possíveis: como ele construiu sua equipe de vendas, como era o processo de vendas dele etc. Fiz anotações o tempo todo.

Quando voltei para casa, consultei aquelas anotações com frequência. Aí estava alguém que literalmente fizera o que eu estava tentando e basicamente me entregou o mapa da mina. Não é incrível?

Antes, eu passara por algo similar, quando Simon Baker foi a São Paulo e compartilhou *um monte* de detalhes sobre tudo o que aprendera como CEO do REA Group. Por dois dias inteiros, ele se sentou conosco e detalhou tudo, de marketing B2B a marketing B2C, de vendas a produto, e muito mais. Depois de perceber exatamente quanto eu aprendera com Simon naqueles dois dias, vi como esses encontros podiam ser valiosos. Foi aí que decidi aproveitar a oportunidade de voar à Malásia e absorver tudo o que podia de Shaun.

Durante esse período, também me concentrei em conseguir investidores institucionais com experiência local, geograficamente falando. Como estadunidense no Brasil, fazia muita diferença ter investidores brasileiros, ou pelo menos sul-americanos, me ajudando a navegar o mercado em que eu agora estava operando.

Algo disso teria sido possível se eu não tivesse mostrado vulnerabilidade? Para ser justo, provavelmente *não fui* tão vulnerável ou humilde da primeira vez que me comuniquei com Shaun, ou Simon, ou Hernan, ou Greg. Tenho certeza de que a sensação que transmitia era mais de convicção e ambição ingênuas que qualquer outra coisa. Mas sempre tentei mostrar quanto valorizava a ajuda deles ao navegar as águas não familiares de construir uma startup na América Latina. Admito que a questão da humildade veio de maneira mais gradual, porém, no fim, foi igualmente importante.

Do jeito como vejo hoje, a humildade (ou seu oposto, o orgulho) é como um copo d'água. Se seu copo já está cheio até a borda, você não pode colocar mais água. Tem de jogar um pouco fora para abrir espaço para o conhecimento adicional que recebe dos outros.

Lembre-se: ninguém espera que você saiba tudo. Apenas aceitar isso é por si só uma vantagem, porque o abre e permite aquela entrada de conhecimento.

Tento praticar a cada dia esse nível de vulnerabilidade. Mas claramente nem sempre fui bom nisso. Aliás, um de meus maiores erros, vejo hoje, é que fiquei tão focado em apoiar *minha equipe* e ajudá-la a desenvolver vulnerabilidade que me desconcentrei de minha própria adoção duradoura desse princípio.

TRANSPARÊNCIA E DELEGAÇÃO

Por mais que eu tenha buscado mentores e colegas com quem pudesse compartilhar, um antigo calcanhar de Aquiles é que,

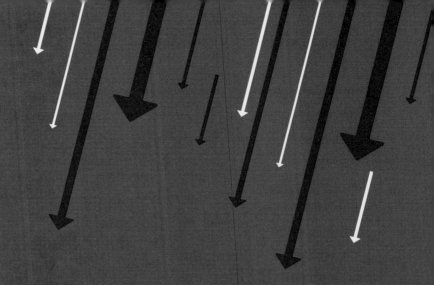

**A CHAVE É SIMPLESMENTE
SER DE FATO CURIOSO
E SEMPRE FAZER MUITAS
PERGUNTAS.**

internamente, tenho tendência a tornar os desafios de construir um negócio um problema *meu*.

Levei um tempão para compreender isso, mas, no fim, passei a entender que, quando você divide essas preocupações com a equipe, as pessoas se envolvem! Podem não ter o mesmo investimento emocional que você como fundador, mas querem saber o que de fato está acontecendo com o negócio para poderem ajudar. Quando as coisas parecem ruins, é preciso trazer todos para perto e não guardar para si.

Isso ficou muito claro para mim quando escondi a verdade de meu cofundador, Thomas, sobre quão ruins as coisas realmente estavam para nossa empresa em termos de fluxo de caixa. Foi antes de trazermos nosso terceiro parceiro, Diego, na época em que estávamos fazendo a transição de uma empresa de serviços de design e marketing para um *marketplace* imobiliário/empresa de classificados, o Viva Real. O dinheiro era um estresse e um desafio. Às vezes, quase ficamos sem nada. Na teoria, tanto eu quanto Thomas éramos responsáveis pelo dinheiro. Mas eu era CEO, e o primeiro trabalho de um CEO em empresas iniciantes é garantir que você tenha caixa suficiente.

No início, eu *de fato* contei a ele o que estava acontecendo. Lembro-me distintamente de me sentar no apartamento dele, estressado, e dizer: "Cara, estamos meio fodidos. A coisa pode explodir".

Tendo revelado a verdade, minha preocupação com nosso fluxo de caixa diminuto virou dele também, e ele ficou *muito* preocupado. O problema era que eu não queria que ele surtasse. Temia que afetasse seu desempenho. Então, dali em diante, carreguei muito do peso sozinho. Ele já sabia que estávamos com problemas, então eu não podia esconder o fato

O MELHOR E O PIOR DIA DA SUA VIDA *NO MESMO DIA*

por completo. Mas não deixei transparecer quanto era sério. Mantive o estresse guardado e garanti a ele que íamos resolver. Minha lógica era que eu não queria piorar o estresse dele – que, por sua vez, ia piorar o meu, porque agora eu teria de consolar a ele e a mim!

Percebo hoje como meu pensamento foi tolo. Eu não deveria ter carregado todo aquele peso. Thomas teria ficado bem! Aliás, guardar aquilo para mim foi ruim para o nosso relacionamento como amigos e cofundadores. A certo ponto, ele me disse que eu estava internalizando coisa demais.

Ele via, mas eu não.

Na minha cabeça, eu estava fazendo algo admirável, tentando proteger outra pessoa do estresse. Todavia, fazendo isso, você não só isola as pessoas, mas sobrecarrega a si mesmo. O que descobri depois, para minha surpresa, é que as pessoas aguentam muito, *sim*. Elas podem ajudar.

Não proteja os outros dos desafios e problemas do seu negócio.

É claro, porém, que você não quer ser tão aberto a ponto de assustar as pessoas. Contar ao seu cofundador é uma coisa. Contar a funcionários potenciais é outra. Ninguém vai aceitar o emprego! Você *tem* de filtrar, até certo ponto. Mas, em geral, definitivamente, pendo na direção do princípio da transparência.

O resumo é: você precisa conhecer seu público.

Encontrei *meu* público perfeito quando me conectei com quatro outros empreendedores.

O que realmente me ajudou a ser transparente e vulnerável foi encontrar-me para tomar café da manhã uma vez por mês com David Vélez (Nubank), Thomaz Srougi (Dr. Consulta), Daniel Hatkoff (Pitzi) e Kimball Thomas (Dinda). Tínhamos um tipo de experiência compartilhada que permitiu que nos conectássemos incrivelmente rápido. É difícil outras pessoas entenderem o que é necessário para construir um negócio. Apenas ter um fórum aberto para compartilhar o que estava em nossa mente era ótimo. O nível de confiança era extraordinário. Por exemplo, quando decidi fazer a transição de CEO para Presidente do conselho e passar mais tempo nos Estados Unidos, tinha muitas preocupações com essa decisão. Sentia que estava decepcionando pessoas. Isso culminou em uma pequena crise de ansiedade, que compartilhei com meu grupo do Clube dos Cinco (*Breakfast Club*).

Um dos quatro empreendedores, Thomaz, que administrava uma rede de centros médicos, me deu apoio em especial durante aquele período. Ele me agradeceu por compartilhar o que estava passando, e lembro-me de sentir que fora verdadeiramente ouvido. É difícil sentir-se sozinho nas dificuldades, e poder dividir pode ajudar a liberar um pouco da ansiedade.

É claro, também debatíamos questões mais práticas em nosso Clube dos Cinco, por exemplo, como estávamos lidando cada um com seu conselho, com investidores ou com opções de ações – e aquelas conversas eram igualmente úteis. Ajudou demais ouvir como esses outros empreendedores tinham lidado com situações parecidas.

Mesmo quando o que estava sendo compartilhado não era explicitamente emotivo ou sensível, havia algo nos diálogos nesse Clube dos Cinco que nos fazia sentir apoiados. Ninguém estava preocupado com ego. Todos estávamos lidando com nossas próprias inseguranças.

Todos temos inseguranças.

Quanto a mim, admito que sempre me senti inseguro com meu histórico acadêmico. Muitas vezes parece que todo mundo que conhecemos no ambiente de startups de tecnologia estudou em Stanford ou Harvard. Sério, houve um período da minha vida em que cada empreendedor que encontrava vinha de uma dessas faculdades de Administração. Já eu mal me formei em uma faculdade mediana – *bem* mediana – e fiz zero aulas de administração.

Não me lembro se dividi essa insegurança em especial com meu grupo do Clube dos Cinco, mas definitivamente tive uma conversa valiosa sobre isso com meu investidor, Greg Waldorf. Ele me disse: "Prefiro alguém com sua mentalidade aguerrida a qualquer MBA". Ouvir isso dele foi muito importante. Não foi fácil me expor daquela forma – sobretudo a alguém que tinha, ele próprio, MBA de Stanford –, mas se não tivesse feito isso jamais teria recebido aquelas palavras de apoio.

Cada um é diferente, e para algumas pessoas é mais fácil mostrar vulnerabilidade que para outras. Eu era bastante aberto a falar sobre meus sentimentos por causa de meu histórico familiar. Minha mãe foi psicoterapeuta por anos. Ela e meu pai, inclusive, se conheceram com vinte e poucos anos, quando os dois eram psicólogos em um centro de tratamento residencial para crianças com distúrbios emocionais. Logo após se casarem, começaram o mestrado em Psicologia. Depois, minha mãe se tornou conselheira de luto. Ambos são muito preparados para falar de emoções.

Crescendo na família Requarth, meu irmão e eu com certeza absorvemos essas lições e provavelmente éramos mais ligados a nossos sentimentos do que a maioria das crianças. Aprendi como pode ser eficaz e poderoso dividir o que está lhe acontecendo emocionalmente – o que torna ainda mais irônico que, mais tarde, como mencionei, eu tenha tido dificuldade de praticar internamente a mesma vulnerabilidade que estava tentando suscitar em minha equipe.

Levei tempo para acertar. Mas a verdade é que, mesmo agora, tendo um sistema de apoio e tantas pessoas em quem confio e com quem posso compartilhar, ainda há momentos em que me sinto horrível, como se tudo fosse desmoronar. Ainda me questiono demais.

Este capítulo foi sobre lidar com o estresse e a ansiedade, e é importante notar que digo *lidar*, não *superar* – até certo ponto, o estresse e a ansiedade fazem parte do negócio.

De novo, esta vida não é para todos. É preciso ser um pouco louco para querer começar e tocar o próprio negócio.

ABRAÇANDO A "LOUCURA"

Linda Rottenberg diz que, no mundo das startups, "louco é meio um elogio", e eu concordo. Está em nosso DNA. Aliás, há estudos de meu amigo Dr. Michael Freeman e de outros pesquisadores sobre diferenças de saúde mental comuns no perfil de empreendedores e como estes têm tendência significativamente maior de ter TDAH, transtorno bipolar, depressão e outras condições de saúde mental – ou eles próprios, ou alguém da família (ou seja, predisposição genética). Os dados são bastante impressionantes.

Mas o que acho mais interessante é como os traços positivos associados a esses problemas podem se tornar seu próprio tipo de superpoder. Por exemplo, há algo chamado hipomania, estado de humor caracterizado por energia, criatividade, motivação e elevação de humor persistentes. Não chega a ser

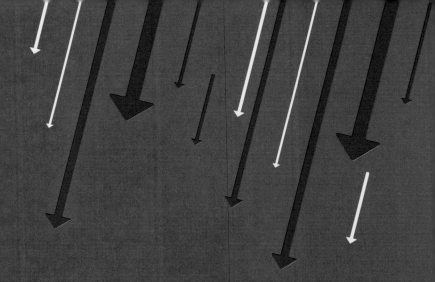

CADA UM É DIFERENTE,
E PARA ALGUMAS PESSOAS
É MAIS FÁCIL MOSTRAR
VULNERABILIDADE QUE
PARA OUTRAS.

mania, mas é parecido (embora menos intenso). Pessoas com hipomania tendem a passar por explosões de euforia e por períodos prolongados focadas em atingir objetivos. Viu-se que muitos empreendedores têm essa condição, e, de muitas formas, é uma qualidade positiva, mas também claramente uma faca de dois gumes.

Vou ser sincero: estou quase certo de que tenho um caso moderado de hipomania. Definitivamente, tenho momentos em que fico obcecado e viciado em trabalho. É bom e ruim: fico muito energizado quando estou perseguindo uma ideia, mas admito que enlouqueço um pouco.

Também me identifico com a característica de otimismo extremo, até excesso de confiança, da hipomania, que pode levar empreendedores a acreditar que tarefas muito difíceis não serão tão difíceis quanto parecem. Talvez seja por isso que não vejamos tipos muito analíticos em cargos empreendedores. Obviamente, há uma generalização, e é claro que é preciso ser um pouco analítico para abrir um negócio. Mesmo assim, percebi – e é tão somente minha hipótese anedótica – que há certo tipo de indivíduo rigorosamente intelectual e lógico demais, que *não* se vê muito no mundo dos empreendedores porque ele está o tempo todo antecipando tudo o que vai dar errado.

Para o bem ou para o mal, as pessoas que pensam assim, em geral acabam não agindo – e isso pode ser um obstáculo ao sucesso. É irônico: embora elas possam ser mais inteligentes e, em certo sentido, mais capazes de avaliar o risco, o que de fato é importante para empreender, não têm a convicção ousada em si e em suas ideias.

Quem tem hipomania quase consegue bloquear os aspectos negativos da avaliação de risco analítica, de modo que o que pode ser descrito como defeito, uma cegueira à realidade, se torna, de novo, um superpoder.

Steve Jobs era famoso pela sua. Seus admiradores chamavam de "campo de distorção da realidade". Poucos a usaram com tanto sucesso quanto Jobs, mas acredito que seja uma qualidade mais comum entre empreendedores do que a maioria das pessoas percebe.

Embora essa e várias outras características distintas de inúmeros empreendedores possam, de fato, acabar sendo armas secretas em seu arsenal, as mesmas características podem dificultar uma vida equilibrada e harmoniosa, como veremos no capítulo a seguir.

CAPÍTULO 2
O QUE REALMENTE IMPORTA

O ano era 2009. Com meus cofundadores, Thomas e Diego (que eu trouxera no início daquele ano), eu estava envolvido em tentar construir nosso negócio. Andrea e eu ainda morávamos na Colômbia, e Diego era nossa única pessoa em campo no Brasil, que, sem dúvida, acabou sendo nosso mercado mais importante.

Era uma época estressante. Não tínhamos nenhum dinheiro, então sempre que ia ao Brasil eu ficava no apartamento de Diego, em São Paulo. A dinâmica interpessoal de hospedar-se com alguém com quem também se convive em ambiente profissional é complexa. Era basicamente coisa de colega de quarto, mas parecia ainda mais caótico por causa do caos que estávamos vivendo ao tentar fazer o negócio crescer.

Então, em fevereiro de 2010, Andrea foi comigo em uma dessas viagens, e passamos quase quatro semanas com Diego e a esposa dele, dormindo na sala do pequeno apartamento de um quarto. Mesmo com ela lá, eu trabalhava dia e noite.

78 A REAL SOBRE EMPREENDER

Em São Paulo, no verão (entre dezembro e fevereiro), com frequência há tempestades torrenciais, e nunca me esquecerei de um momento particular, quando Andrea e eu estávamos no lobby do prédio de Diego, prestes a sair. Paramos de repente: a chuva lá fora era simplesmente insana. Lâminas d'água *varriam* tudo. Parecia haver um rio na rua.

A visão daquilo desengatilhou algo em Andrea, que começou a chorar. "O que diabos estamos fazendo aqui?", ela disse. "Isso é ridículo!"

Você precisa entender que minha esposa é basicamente uma rocha. É incrivelmente durona e resiliente. Mas era como se os rios de água da chuva do lado de fora da porta finalmente lhe tivessem dado permissão para soltar as próprias lágrimas e dizer em voz alta o que estava acumulado dentro dela.

Ver minha esposa daquele jeito foi um soco no estômago. Mas me segurei e tentei consolá-la: "Você precisa confiar em mim. Isso *vai* dar certo".

Foi um momento de virada em nosso relacionamento, um verdadeiro teste. Estávamos casados havia cerca de cinco anos e ambos éramos relativamente bem jovens quando nos juntamos. Foi pouco depois do casamento que comecei de fato a me envolver no negócio, e nos anos seguintes ela nunca questionou o que eu estava tentando fazer.

Até aquele momento.

Não ajudou no estresse o fato de que, depois de decidir recentemente que queríamos ter um filho, estávamos com dificuldade de engravidar. Além de tudo, estávamos tentando conceber *enquanto nos hospedávamos no apartamento de meu cofundador* – onde nem tínhamos nosso próprio quarto e era preciso ser, hum, criativos.

Ao mesmo tempo, Andrea pedira a cidadania norte-america-na, processo que exige morar no país por seis meses do ano. Na época, nosso plano era nos mudar para os Estados Unidos, mas aí aconteceu de meus cofundadores e eu começarmos o negócio no Brasil. Assim, com Andrea nos Estados Unidos metade do ano, eu precisava ficar indo e vindo.

Ela tinha a mãe com ela na Califórnia, então não estava de todo sozinha. (A mãe de Andrea morava conosco em um lugar ou no outro desde 2006, e ainda mora. Ela é incrível. Gosto de dizer que, quando me casei, aproveitei uma promoção: duas por uma!) Mas a distância entre Andrea e mim e as viagens constantes criaram mais estresse em uma situação já estressante, em especial comigo trabalhando duro para levantar dinheiro para a empresa no Brasil – e isso definitivamente desafiou nosso casamento.

Foi só naquele dia de 2010, porém, com a tempestade furiosa lá fora, que essas questões chegaram a um ponto crítico.

Sempre me lembrarei da cena no lobby do prédio. Depois de garantir a ela que ficaria tudo bem, que íamos superar aquilo, parei e dei a Andrea um momento para colocar os pensamentos em ordem. Aí, em um instante, ela enxugou as lágrimas, olhou para mim e assentiu. Não precisou dizer nada. Eu a conhecia bem o bastante para entender o significado de sua expressão: seus olhos me diziam que sim, ela estava dentro, confiava em mim, e estávamos naquilo juntos.

Íamos passar pelos tempos difíceis com a promessa de dias melhores por vir.

NÃO ESTRAGUE AS COISAS COM QUEM É MAIS IMPORTANTE

Lembro-me distintamente de, a certo ponto, fazer uma promessa a mim mesmo: *o que quer que faça, Brian, não estrague as coisas com sua família*. Eu sabia que minha vida era boa: minha esposa era tão paciente que provavelmente teria aceitado que eu forçasse ainda mais os limites entre meu trabalho e nossa vida familiar. Mas eu também tinha consciência cada vez maior de quão estressante nossa situação estava se tornando para todos nós. Eu, definitivamente, não queria estragar tudo ultrapassando os limites e criando ainda mais atrito.

Desde o início, ela estivera ao meu lado nessa aventura louca de empreendedorismo e "jogando para ganhar". Quando a pedi em casamento, certifiquei-me de que ela entendesse onde estava se metendo. Disse a ela que seria "insano pra caralho". Eu sei, que palavras românticas, né? Meu pedido, na verdade, *foi* bem romântico – jantar surpresa, "Love and Happiness", de Al Green (uma de nossas músicas favoritas), flores, anel, a coisa toda –, mas também foi bem prático, de modo que nos parecia autêntico. Expus tudo a ela: inevitavelmente haveria desafios, problemas, questões, situações que eu não podia prever. Queria que ela tivesse 100% de clareza sobre como seria nosso futuro, todos os altos e baixos, reviravoltas, triunfos e fracassos.

Surpreendentemente, ela ainda queria ficar comigo. Ela disse sim.

Todo mundo se lembra de como pediu seu cônjuge em casamento. Afinal, é um dos maiores dias da vida de alguém. Mas também me lembro de outra conversa importante e altamente prática que Andrea e eu tivemos no início do nosso relacionamento

QUERIA QUE ELA TIVESSE 100% DE CLAREZA SOBRE COMO SERIA NOSSO FUTURO, TODOS OS ALTOS E BAIXOS, REVIRAVOLTAS, **TRIUNFOS E FRACASSOS**.

sobre o que queríamos, juntos, para o nosso futuro. Concordamos que, basicamente, sim, eu deveria *ir fundo*.

Vamos fazer esse negócio e ir atrás do sonho e garantir que temos dinheiro o bastante para sustentar uma família.

Como empreendedor, definitivamente ajuda ter um cônjuge ou um(a) parceiro(a) que compreende sua paixão e está "jogando para ganhar" com você – mas isso não quer dizer que você deva abusar da paciência dele(a).

Houve uma vez, no início do nosso relacionamento, em que Andrea e eu fomos ao cinema, e tentei comprar ingressos – eu não tinha dinheiro comigo, e o cartão de débito foi recusado. Então, simplesmente entramos no carro e fomos embora. Ainda que dinheiro não fosse minha principal motivação como empreendedor, em momentos como esse, ele virava uma razão bastante forte, para nós dois, para ter sucesso e descobrir como passar pelos períodos duros.

Andrea sempre foi muito compreensiva e tolerante. Eu sabia que, por sua personalidade, ela aguentaria muito, suportaria dificuldades financeiras ou que eu não estivesse tão presente quanto gostaríamos. Mas o que me preocupava era que ela internalizasse essas pressões e dissesse estar bem até tudo explodir.

A certo ponto, após o nascimento de nosso primeiro filho, decidi criar uma regra para mim mesmo de estar em casa na hora do jantar quatro dias por semana. Virou essencial para mim estar de volta para o jantar nesses dias.

O ímpeto para essa nova rotina era que as coisas tinham saído tanto do controle que eu simplesmente sabia que algo acabaria mal. Eu trabalhava vinte e quatro horas por dia havia meses. Sentia-me como um homem possuído. Sabia que precisava mudar meu ambiente – estar em casa com minha família – para mudar meu comportamento. Mas, se for honesto comigo mesmo, até quando estava em casa, nos últimos meses, eu não estava mesmo lá. Minha mente não estava ali. Ficava constantemente ao telefone. No fundo, sabia que não era certo. Sabia que queria e precisava ser um pai presente e envolvido.

Contudo, era mais que isso, também. Era algo que tinha a ver comigo e com o tipo de vida que eu queria.

ALINHANDO O EU PROFISSIONAL E PESSOAL

Sempre me esforcei para me lembrar de que dinheiro não traria felicidade. Certa vez, li uma famosa reportagem do *The New York Times* sobre como é preciso certa quantidade de dinheiro para não nos preocuparmos com sobrevivência e ter nossas necessidades básicas supridas, mas, para além disso, ganhar um monte de dinheiro, na verdade, não nos deixa mais felizes.

Isso não me impedia de trabalhar sem parar para conquistar o que decidira fazer.

Pode parecer estranho, mas uma coisa que sempre me preocupou em trabalhar tanto era que eu me tornasse uma pessoa chata – tão obcecada por construir meu negócio que parasse de aprender ou de me importar com qualquer outra coisa. Esse medo, na realidade, também estava relacionado ao meu casamento: de maneira específica, eu me preocupava que Andrea me achasse menos interessante porque não buscava nada além do que estava fazendo profissionalmente!

Até hoje, às vezes, tenho de me segurar quando estou perto dela para não tagarelar sem parar sobre esse ou aquele aspecto do negócio, ou o que quer que seja a "coisa de trabalho" com que estou empolgado naquele momento. Acho que é a bênção e a maldição de ser empreendedor. Por um lado, você não *quer* desligar seu cérebro inquieto, porque aquilo em que está pensando é muito legal. Você está entusiasmado pra caramba; é como uma dose de adrenalina direto na veia. Mas você também sabe que sua obsessão precisa ser mesclada com uma dose de cautela, ou, pelo menos, consciência, para que ela não o consuma por inteiro.

E, se for como eu, você sabe que precisa – ou, pelo menos, tenta – frear um pouco quando está com outras pessoas, para não acharem que você é doido(a). É o outro lado de ter essa motivação intrínseca e *querer* colocar toda a energia no que está construindo (não precisar que alguém mande fazer isso). Todas essas coisas são ótimas, mas o problema é que o fazem querer falar sobre o assunto o tempo todo.

Nem todos os empreendedores ficam constrangidos com isso, mas eu fico. Pode ser que seja algo meu, mas, no meu caso, o problema se manifesta especificamente em minha preocupação por ser visto como uma pessoa chata, um workaholic.

Como empreendedores, muitas vezes ficamos tão entusiasmados com aquilo que estamos construindo que quase não conseguimos falar sobre outra coisa – é uma bênção e uma maldição.

Agora, vou dizer algo *muito* esquisito. O que me fez parar e pensar se eu estava me tornando chato foi algo inusitado: *comida*. A forma como estava comendo. Eu estava em modo de execução tão profundo no trabalho que não parava para pensar nem um pouco em comida como algo prazeroso em si. Havia três restaurantes de que gostava e sempre pedia a mesma coisa. Eu entrava e logo saía.

Isso me fez parar porque sempre *amei* comida e antes era apaixonado por sair para comer e descobrir novos pratos e sabores. Quem era a pessoa que eu me tornara? Não curtia mais nem um pouco a experiência de jantar fora. Isso exigiria energia, e eu queria poupar a minha para o trabalho. Em vez disso, desenvolvi uma forma sistemática e robótica de comer, que era absolutamente deprimente.

Só agora estou redescobrindo o amor pela comida e me sinto feliz em dizer que é ótimo. Mas, até hoje, meu antigo pensamento aparece de vez em quando. Por exemplo, não gosto de passar muito tempo olhando um cardápio, e o motivo subconsciente para isso, acredito, é que sei que processar todos aqueles itens exige energia mental, CPU. Então, só tomo uma decisão rápida ou deixo minha mulher decidir. É uma adaptação comportamental esquisita que desenvolvi e da qual, pelo jeito, não consigo me livrar!

Mas estou divagando. O que quero dizer é que, embora ainda me apegue, às vezes, a meus velhos hábitos, voltei a saborear a experiência da comida e do comer – e tem sido uma forma incrível de dar descanso ao meu cérebro.

A IMPORTÂNCIA DA PAUSA

Levou tempo, mas aos poucos percebi a verdade simples de que nem tudo o que se faz como empreendedor é tão importante quanto se pode pensar. Por exemplo, quando ficava na casa de Diego em São Paulo, acordava aos sábados e domingos de manhã e dizia a ele que estava indo ao escritório. Para ele, parecia quase uma expectativa de que ele também deveria ir.

"Você quer que *eu* vá?", ele perguntava.

"Não, cara", eu dizia. "Faça o que precisa fazer no seu domingo, está tudo bem."

Eu estava falando sério. Mas ele tinha dificuldade de entender ou aceitar que realmente não tinha problema para mim ele ter uma vida social! Parte disso, provavelmente, era cultural. Nós, estadunidenses, tendemos a ser mais diretos e literais no que dizemos. Do outro lado do espectro, talvez esteja a cultura japonesa, em que as comunicações tendem a ser muito discretas. Lá, percebi que é preciso ler as entrelinhas e observar não só o que as pessoas dizem, mas como agem ou não na prática. O Brasil está no meio-termo. Às vezes, pode haver camadas de significado além do que está sendo dito, e Diego provavelmente estava interpretando meu comportamento como algum tipo de afirmação passivo-agressiva.

Mas não era mesmo isso! Eu sabia quão motivado ele era. Isso nunca foi problema. No fim, nós dois nos familiarizamos com os padrões de comunicação um do outro e paramos de ter esses mal-entendidos.

Todavia, o que eu queria que ele soubesse, na época, é que, longe de julgá-lo, eu, na realidade, *invejava* sua capacidade de desligar, separar e compartimentalizar. Era algo com que sempre tivera dificuldade e que levaria muitos anos para aprender.

Quem diria que justo o renascimento do meu amor pela comida seria uma das principais inspirações para essas mudanças?

Mas não foi só isso. Houve outras atividades: ler livros, por exemplo. Antes, eu não lia muito todos os gêneros. De novo, achava um desperdício de energia valiosa, uma distração do meu propósito principal. No entanto, aí percebi, para minha surpresa, que ler algo como um romance de Michael Crichton era incrível. Criava um tipo de separação de que eu precisava e que deveria estar me faltando.

Desligar não é o oposto à sua ambição como empreende-dor(a). Aliás, muitas vezes, é o necessário.

A ideia de deixar o cérebro descansar não é originalmente minha, mas vi seu poder em primeira mão. Algumas de minhas melhores ideias vieram quando eu estava de férias. Alguns de meus melhores momentos criativos em termos de resolução de grandes problemas – por exemplo, mudar por completo o foco de nossa empresa – vieram nesses períodos improváveis, quando eu estava envolvido em uma atividade não relacionada ao trabalho.

Faz sentido, quando paramos para pensar. Mesmo quando está mergulhando ou escalando, ou o que quer que curta fazer, você não bloqueia totalmente aquela voz em sua cabeça que está girando em torno de trabalho. Como empreendedor que está construindo algo importante e é obcecado por ter suces-so naquilo, você sempre está pensando no negócio em algum lugar do fundo da mente. Quando foca sua energia para fora, no fundo ainda está absorvendo e processando. Mas há uma pausa mental saudável, frequentemente necessária para sair dos velhos padrões de pensamento e chegar a uma nova descoberta.

Meu cofundador, Thomas, e eu tivemos essa experiência no fim dos anos 2000, após a crise imobiliária. Muitos de nossos clientes estavam falindo. Sabíamos que estávamos encrencados. Se não fizéssemos algo, descobríssemos uma forma de nos reinventar, nosso negócio iria morrer. Precisamos voltar à estaca zero.

Então, fizemos uma pequena viagem, nós dois, a uma cidade colombiana no meio do nada, de águas termais. Dormimos em beliches e passamos os dias tentando repensar nosso negócio.

Na realidade, não tivemos a nova ideia lá, mas logo depois dessa viagem saí de férias para a Europa, algo que vinha planejando havia algum tempo. Por coincidência, Thomas também saiu de férias mais ou menos na mesma época. Aí, para nossa surpresa, ambos voltamos de nossas respectivas escapadas com uma ideia muito parecida. Depois de bater a cabeça na parede por tanto tempo – e não criar a solução que esperávamos na folga anterior –, aconteceu que apenas relaxar e tirar férias reais eram exatamente o que precisávamos para destravar nossa imaginação.

Ambos retornamos ao trabalho com uma forma realinhada de pensar sobre o negócio. Incrivelmente, minha nova visão e a dele estavam em sintonia quase completa. Nós dois vimos uma oportunidade de redirecionar aonde deveríamos ir e como o negócio reconstruído deveria ser.

Não é legal?

Para ligarmos nossa mente, primeiro precisávamos desligá-la.

DESLIGANDO A MENTE

Muitas vezes, à noite, literalmente sonho que estou deitado na cama pensando em um problema e em como resolvê-lo. É muito estranho, como se estivesse lutando com o conceito enquanto estou dormindo, mas também me vendo de fora enquanto o faço. Aí, acordo e, com mais frequência que seria de esperar, realmente resolvi o problema. É bom na hora, como se tivesse conseguido algo produtivo. Mas bagunça meu sono e não é uma prática saudável.

Então, para tentar desligar a mente, comecei a escutar – toda noite, antes de dormir – uma música que acho especialmente

COMO EMPREENDEDORES, MUITAS VEZES FICAMOS TÃO ENTUSIASMADOS COM AQUILO QUE ESTAMOS CONSTRUINDO QUE QUASE NÃO CONSEGUIMOS FALAR SOBRE OUTRA COISA – É UMA BÊNÇÃO E UMA MALDIÇÃO.

relaxante: "Noturno, Op. 9, N. 2", de Chopin. Cheguei a treinar meu cérebro para associar o sono à agradável melodia do piano. Tudo isso começou durante o período em que estava no meio da execução do plano que eu e Thomas havíamos criado. Era uma época estressante, mas a canção familiar me ajudava a impedir que minha mente viajasse – e meu corpo, por sua vez, ficou treinado a relaxar.

Obviamente, esse truque, por assim dizer, é muito particular, e outros terão ferramentas similares próprias. O mais importante não é *o que* você faz, mas ter constância. Os hábitos não acontecem sozinhos. É preciso implementá-los conscientemente, da mesma forma que me forcei a criar limites com meu tempo. Por exemplo, criei uma regra de que domingo seria um dia de folga, um dia para mim e para minha família. Mas tive que trabalhar muito para criar a autodisciplina necessária para aplicar esse limite.

Por fim, acabei percebendo que arrumar tempo assim não é, na verdade, nenhum sacrifício à minha produtividade no trabalho. Quando você trabalha o tempo todo, à noite e aos fins de semana, não é tão produtivo. As pessoas acham que estão fazendo muito, mas estão apenas agindo no automático. É uma questão de quantidade acima de qualidade. Era um problema que Thomas viu em si mesmo e tentou corrigir. Também tentei, porém só muito depois.

Hoje, tenho várias rotinas que nutro, por exemplo, tomar café com Andrea às quatro da tarde todos os dias. É uma ótima forma de nos conectarmos e ficarmos em sintonia, não só em termos práticos, mas também em relação aos nossos sentimentos e às nossas emoções. Mas a rotina não teria dado certo se não a levássemos muito a sério.

No início, é preciso ser meio religioso com essas rotinas, até elas virarem hábito.

Hábitos saudáveis de desligar a mente e rotinas para criar limites em relação ao tempo não acontecem sozinhos – é preciso implementá-los de modo consciente.

Implementar esses novos comportamentos e essas técnicas para me permitir desligar foi um benefício enorme para mim e meu bem-estar geral nos últimos anos e meses. Mas eu estaria mentindo se dissesse que já tenho tudo resolvido. Aliás, em 2019 tive outra crise de pânico. O estresse e a ansiedade se acumulavam em mim por uma combinação de trabalho em excesso e viagens aéreas a diferentes países tentando levantar capital.

Também foi na sequência de um 2018 muito estressante, em que – como você se lembrará da Introdução – tivemos de lidar com as dores do crescimento de operar como companhia em fusão, após o Viva Real unir forças com seu concorrente, o ZAP. Foi um ano turbulento: o negócio não estava crescendo e um dos nossos funcionários mais importantes estava sendo atraído para outra empresa. Quanto a esse último acontecimento, no fim, ele ficou, mas passou assustadoramente perto de ir embora, o que teria sido, de fato, muito doloroso, uma vez que estávamos no meio da fusão de duas empresas de tecnologia e ele era nosso "cabeça" de tecnologia!

Ao mesmo tempo, ainda estávamos passando pela pior parte das dores da fusão, que resultou em crescimento zero/negativo na primeira metade de 2018 – tornando muito difícil e estressante, para mim, tentar levantar capital para o negócio.

Em geral, parecia que tudo estava saindo de controle em 2018 inteiro, e, embora uma sensação de esperança tenha sido restaurada com a oferta animadora de maio de 2019 – os seiscentos

A REAL SOBRE EMPREENDER

ou setecentos milhões de dólares para o Grupo ZAP Viva Real de que falei nas páginas de abertura do livro –, eu ainda tinha uma dor remanescente, como uma ferida não totalmente curada.

Começou a parecer que a negociação estava em risco e o estresse foi a gota d'água para mim. O que desengatilhou a crise de pânico não foram tanto as consequências para *mim* se a negociação desse errado, mas eu sabia que pessoas-chave na empresa precisavam de dinheiro – suas ações não tinham nenhuma liquidez – e me sentia responsável. Elas precisavam pagar pela educação dos filhos. Meu melhor amigo, James, que apostara em mim no início, precisava de dinheiro. E meu cofundador Diego estava desesperado para ajudar o pai a se recuperar financeiramente após um processo legal em que fora injustiçado, ficando com uma dívida incapacitante. Tentei fazer acontecer uma transação secundária,[2] mas ela foi bloqueada pelo conselho. O efeito cumulativo de todas essas circunstâncias estressantes foi demais.

Quem já passou por uma crise de pânico sabe quão traumático é. Você acha que está morrendo. Seu cérebro, literalmente, envia a mensagem: *você está morrendo*. Contudo, quando se recupera, às vezes você ganha uma nova perspectiva sobre o que o está estressando, para início de conversa.

Para mim, a crise de pânico foi uma experiência de aprendizado sobre como lidar com a ansiedade inerente dessas situações. Em particular, fez com que eu percebesse como me era importante ficar saudável – tanto física quanto mentalmente.

Cuidar da saúde e da mente como fundador(a) ou empreendedor(a) de uma organização ambiciosa que está tentando buscar

---

2 Transação secundária é a venda de cotas de participação já existentes, como antecipação de um evento de liquidez, em que o dinheiro vai para o bolso do sócio que as vendeu. (N. E.)

uma grande oportunidade e criar forte impacto, especialmente se está levantando capital, é uma tarefa e tanto. Do estresse e da ansiedade discutidos no capítulo 1 ao impacto à vida pessoal que exploramos neste capítulo, você com certeza vai precisar de força e determinação – que provavelmente nunca usou nem sabe que possui.

No Brasil, para ter sucesso nessa jornada de fundar, escalar e levantar venture capital, você precisará enfrentar muitos obstáculos. Alguns serão, inclusive, ameaças existenciais.

Estruturei meu livro deliberadamente de modo que você aprenda primeiro aqui, na "Parte um", os tipos mais amplos de desafios enfrentados por líderes e CEOs – para que tenha uma base sólida para os capítulos das "Partes dois e três" sobre os detalhes práticos de levantar fundos para empresas no Brasil.

No entanto, antes de entrarmos nisso tudo, quero falar de uma das questões mais difundidas e difíceis que se vê no mundo do empreendedorismo, uma com que eu mesmo lidei várias vezes, para o bem ou para o mal.

No capítulo 3, mergulhamos nos desafios de lidar com os relacionamentos entre cofundadores.

CAPÍTULO 3
RELACIONAMENTO ENTRE COFUNDADORES

Vamos começar pelo começo: *você precisa de um(a) cofundador(a)*. Nem pense em tentar se virar sem um(a); é simplesmente difícil demais conseguir sozinho. Você com certeza precisa daquela pessoa que estará nas trincheiras ao seu lado, para levantá-lo(a) quando estiver com merda até o pescoço e tirá-lo(a) dali.

De maneira ideal, você e seu(sua) cofundador(a) (ou cofundadores) devem ter *equilíbrio* de capacidades e habilidades para contrabalançar e apoiar um ao outro de modo complementar. Isso é especialmente importante em empresas de tecnologia. As melhores relações entre cofundadores que já vi são aquelas em que um(a) fundador(a) é mais orientado(a) ao lado técnico ou de produtos e o(a) outro(a), ao negócio ou às vendas (aquele que levanta capital e lida com o dinheiro).

Muitas vezes me perguntam quem deve ser o(a) CEO, você ou seu(sua) cofundador(a)? Minha resposta: títulos, em geral, são um monte de bobagens no início. Quando se está começando, você e seu(sua) cofundador(a) fazem *tudo*. Sua empresa ainda é

A REAL SOBRE EMPREENDER

pequena, e você não tem funcionários ainda (ou, se tem, provavelmente são poucos).

Ao construir sua equipe, você *vai* definir os papéis de cada um. Ainda pode haver bastante improviso, mas você não quer que toda a equipe seja sugada para uma tarefa difícil, como levantar capital. Títulos ajudam, sim, a esculpir internamente os diferentes papéis e responsabilidades. E, se você escolher bem seus cofundadores, a questão do CEO será resolvida com habilidades complementares. Comigo e Thomas não foi exatamente claro. Contudo, quando lançamos nossa empresa, a triagem natural foi a de que eu cuidava de vendas, marketing, marketing B2B, desenvolvimento do negócio e todos os papéis que lidavam com clientes, enquanto ele assumia engenharia de produto, design e marketing para mecanismos de buscas. Fazíamos juntos o recrutamento (que é uma relação simbiótica: um ajuda o outro a recrutar).

Nem acho que chegamos a ter uma conversa explícita sobre quem deveria ser CEO. Só ficou aparente. Quando íamos falar com investidores, eu conduzia as conversas.

Quando se está começando ou administrando uma empresa, é preciso deixar o ego na porta. Fazer o que é melhor para a empresa. Quem quer que esteja mais confortável como pessoa externa – interface com clientes, conversas com jornalistas, subir ao palco e fazer a apresentação, vender a ideia – deve ser o(a) CEO. Thomas não gostava de nada disso, então era natural que eu assumisse o papel de CEO.

Se você é o responsável por vendas – que tem o trabalho de sempre pensar em dinheiro –, deve ser o(a) CEO.

De novo, essa distinção nem sempre é clara quando uma startup ainda está na infância, mas, conforme você e seu(sua) cofundador(a) evoluem em seus cargos naturais, aquele(a) que for responsável pelas vendas, por levantar capital e por questões financeiras deve assumir o manto de CEO.

O trabalho número um do(a) CEO é garantir que a empresa não fique sem dinheiro.

Será que essa divisão natural de papéis e responsabilidades significa que os fundadores nunca devem se desafiar a desenvolver novas habilidades? Eu não iria tão longe, mas, na maioria das vezes, sempre acreditei que *o mais inteligente a fazer é dobrar a aposta* nas forças e encontrar outras pessoas para suplementar as fraquezas.

Isso é especialmente verdade em uma startup cuja vantagem número um é a velocidade. Certa vez, ouvi uma analogia memorável sobre isso do sócio Gigi Levy-Weiss, da NFX. A Monashees Capital organizara uma viagem a Tel Aviv, Israel, com um grupo de sessenta fundadores do Brasil, e foi lá que Gigi deu a seguinte explicação de por que a corrida é dos mais ágeis: "Pense da seguinte forma", disse ele, "Se você está jogando xadrez e consegue se mover duas vezes para cada movimento do oponente, até você será capaz de ganhar de um mestre".

É preciso ser rápido nesse jogo de startup, e é por isso que nunca recomendo ter *dois* CEOs. Algumas pessoas se sentem atraídas pela ideia de *coCEOs*, e conheço quem tenha feito dar certo, como meus amigos Mate Pencz e Florian Hagenbuch, fundadores da Loft e da Canary. E, claro, há os empreendedores e investidores lendários – hoje localizados no Vale do Silício, mas com profunda experiência no Brasil – Meyer Malka (apelidado de Micky) e Wences Casares (em nome da transparência: Micky e Wences eram investidores em minha empresa). Mas também vi essa estratégia explodir.

Não só compartilhar o papel de CEO deixa as coisas mais difíceis quando se tem investidores como, na minha opinião, envia uma mensagem estranha à equipe. Digamos que um colaborador precise de feedback da liderança sobre uma ou outra questão de negócios. Se houver qualquer diferença de opinião entre os dois CEOs, isso gerará um atraso – e, de novo, qualquer coisa que desacelere a tomada de decisões em uma startup é o beijo da morte.

É especialmente importante para seus investidores e sua equipe saber sempre quem é responsável por tomar grandes decisões financeiras para o negócio.

O que nos leva a uma das questões mais importantes e espinhosas na relação entre cofundadores: dinheiro.

O DINHEIRO É IMPORTANTE ENTRE COFUNDADORES

A primeira coisa a fazer quando se abre sua empresa com seu(sua) cofundador(a) é fazer o *vesting* das ações. O que quero dizer com isso? Digamos que você e seu(sua) cofundador(a) tenham, cada um, 45% da empresa, com os 10% remanescentes em um *pool* de opções para recrutar executivos. Quando se faz o *vesting* das ações, quer dizer que você e seu(sua) cofundador(a) não têm de fato aqueles 45% do início. Na realidade, vocês vão ganhá-los com o tempo. A lógica desse acordo é que a sociedade pode não dar certo – com frequência, *há* problemas com cofundadores – e é preciso se proteger.

Quais são as coisas que podem dar errado? Muitas! Talvez você logo perceba, depois de abrir a empresa, que as responsabilidades

DE MANEIRA IDEAL, VOCÊ E SEU(SUA) COFUNDADOR(A) (OU COFUNDADORES) DEVEM TER EQUILÍBRIO DE CAPACIDADES E HABILIDADES PARA CONTRABALANÇAR E APOIAR UM AO OUTRO DE MODO COMPLEMENTAR.

são demais para a pessoa. Talvez algum acontecimento inespera-do na vida dela torne impossível para ela continuar. Ou talvez ela tenha ideias conflitantes, e essas visões diferentes acabem sen-do irreconciliáveis. A última coisa que você quer é se ver daqui a dois anos com 30%-40% de participação na empresa presos a um cofundador que não está trazendo nenhum valor. Pode parecer óbvio, mas vi acontecer várias vezes – e não só é ruim como torna você alvo nada atraente de investimento.

Disputas entre cofundadores são o principal assassino de startups.

O desalinhamento de participação é algo que pode causar rixa entre cofundadores. Vemos isso constantemente em startups: uma pessoa coloca muito mais dinheiro que a outra, e isso cria uma dinâmica desconfortável.

Isto dito, provavelmente é melhor evitar uma parceria 50/50. O problema com essa participação é que pode levar a um impas-se ruim quando há decisões difíceis de serem tomadas para um lado ou outro. Saber que há um responsável, no fim, por tomar a decisão alivia o peso para todos os envolvidos. Obviamente essa pessoa deve ser uma ótima ouvinte e ter processo e estilo eficazes para levar as opiniões de todos em consideração. Mas, para che-gar a resultados melhores e mais rápidos, é preciso haver aque-le cofundador que é o tomador de decisão oficial. (Em geral, isso acontece com o tempo, porque, na maior parte das vezes, um dos cofundadores tem mais experiência ou colocou mais dinheiro.)

Felizmente, Thomas e eu nunca tivemos problema com par-ticipação. Como você agora já sabe, tive dois cofundadores no Viva Real. Thomas estava lá no início. Diego veio quando entra-mos no Brasil, depois de Thomas e eu já estarmos administrando a empresa há dois anos.

RELACIONAMENTO ENTRE COFUNDADORES

Thomas e eu éramos sócios praticamente igualitários. Eu tinha participação um pouco maior, porque coloquei um pouco do meu próprio dinheiro. Mas nunca entramos em conflito por isso.

Também nunca brigamos por salário. Assim como a participação, <u>remuneração (ou quem ganha quanto) pode criar problemas entre cofundadores</u>. Como fundador ou fundadora, é importante, em geral, manter seu salário baixo: ao decidir uma remuneração para si, você também está definindo o nível do restante da organização. Mas, em termos de disputas entre cofundadores, geralmente o que acontece é que, em algum ponto, o CEO começa a ganhar mais que os outros fundadores – e isso aconteceu comigo. No início, nem Thomas nem eu tínhamos salário. Contudo, a certo ponto, quando começamos a escalar e a levantar mais capital, acabei ganhando mais dinheiro que ele.

Isso não incomodou Thomas. Ele era tão humilde que tinha uma atitude despojada de: *tanto faz, você pode ganhar mais que eu, eu não ligo.*

Quando Diego chegou, demos a ele um salário inicial baixo e também participação – mas, claro, essa participação era menor que a nossa, porque ele estava entrando depois na empresa.

Nos anos que se seguiram, *houve* alguns problemas na relação de cofundadores entre mim e Diego, e cometi alguns erros sobre os quais falarei neste capítulo.

Esses desafios vivenciados com Diego como cofundador não tinham tanto a ver com participação ou remuneração (mas *tivemos*, depois, um mal-entendido, em que ele achou que tinha uma porcentagem de participação menor do que realmente tinha – no entanto, esclarecemos tudo!).

A REAL SOBRE EMPREENDER

Não, os problemas tinham a ver com outro ponto de discórdia entre cofundadores: mudança de papéis e responsabilidades.

PAPÉIS E RESPONSABILIDADES PARA COFUNDADORES

Quando você cresce até certo nível da empresa, além do estágio inicial em que as pessoas estão se desdobrando, precisa começar a se especializar. É difícil para muitos fundadores acostumados a pegar todas as responsabilidades e preencher todos os papéis *sozinhos*. Agora, têm de escolher. Qual vai ser sua área específica?

Encontrar a especialidade certa para os cofundadores pode ser complexo. Digamos, por exemplo, que você tem alguém muito talentoso na área técnica da empresa. Quando o negócio crescer, o que acontecerá com essa pessoa? Ela pode ou continuar concentrada na tecnologia e não tentar ser gerente de RH ou aceitar novas responsabilidades de gerenciar pessoas. De toda forma, há muito potencial para que ela se ofenda.

Claro, há outros motivos para drama entre cofundadores, como não concordar em que a empresa deve estar focada – mas, do meu ponto de vista, clareza de papéis é um dos maiores, se não o maior, entre os desafios nas relações entre cofundadores. Vi muitas sociedades acabarem por causa disso à medida que a empresa cresce. Não costuma ser um problema no início, porque, no estágio inicial de uma startup, há tanto a fazer que todo mundo fica ocupado e os papéis têm menos foco.

Conforme uma empresa cresce, por definição, os cofundadores têm de abrir mão e delegar responsabilidades. Mas isso pode ser difícil para muitos. Às vezes, cofundadores não têm o conjunto de habilidades certo quando a empresa evolui ou, no pior dos cenários, sentem-se ameaçados pelas contratações e se aborrecem.

Entendo por que alguém se sentiria assim. Mas é como os negócios funcionam. Aliás, como cofundador, você precisa *querer* se tornar substituível, pelo menos em termos de certas tarefas e aspectos do negócio. Isso quer dizer que você pode focar em outras coisas. É um bom sinal: mostra que seus colaboradores estão executando, e você, tendo sucesso no que está tentando construir.

Todavia, a realidade é que alguns cofundadores têm dificuldade de abrir espaço para novas contratações. A certo ponto no Viva Real eu trouxe uma série de novos executivos, e isso criou atrito com Diego. Ele não abriu espaço o bastante para quem estava chegando. Contudo, em vez de falar diretamente com ele sobre isso, como deveria – e ter a coragem de lidar de frente com as preocupações dele e explicar o que eu precisava dele –, busquei a saída mais fácil. Queria evitar conflito, então tentei agradar a todos.

Hoje, em retrospecto, consigo perceber que havia algumas diferenças de estilo em jogo com as novas pessoas que contratara. Elas viam o trabalho de maneira diferente: estavam 100% focadas nos resultados e provavelmente não valorizavam a porção de pessoas do negócio tanto quanto Diego e eu. Eram agressivas e não tinham muita sensibilidade com os sentimentos alheios. Diego sentia que precisava proteger as raízes culturais que havíamos construído, e com razão. Havia, de fato, alguns aspectos negativos na nova forma de trabalhar advinda com as novas contratações, mas, à época, eu não percebia aquilo de maneira tão negativa quanto Diego.

A REAL SOBRE EMPREENDER

As diferenças de estilo causaram muita tensão, e tentei ao máximo corrigir o desequilíbrio. Mas talvez não tenha feito isso do jeito certo: como Diego não abria espaço para os novos contratados, decidi eu mesmo fazê-lo. Não queria perder Diego. Afinal, ele era muito *bom*. Havia um motivo para eu tê-lo trazido, para começo de conversa. Então, acabei tentando criar algo *para* ele, ou seja, novos papéis adaptados em torno dele.

Foi um erro. <u>Nunca se deve criar um papel em torno de uma pessoa; sempre se deve criá-lo em torno das necessidades dos negócios.</u> Foi um dos erros que cometi como CEO novato. Mas fiz o que achei que ia funcionar para que Diego, que adicionava muito valor à empresa, pudesse ficar.

Eu não sabia exatamente qual deveria ser o papel dele, então tentamos várias coisas diferentes. A certo ponto, ele assumiu o RH e odiou. Depois, assumiu o marketing B2B e *era* bom naquilo. Mas acabamos contratando outra pessoa para focar exclusivamente o marketing B2B que o tirou dessa posição.

É uma trajetória clássica de startup: no início, há muitos generalistas, mas, conforme a empresa cresce, você só pode mesmo ter um único generalista, que é o CEO. Compreensivelmente, isso torna as coisas difíceis para os outros cofundadores. Ou eles são afastados, ou de fato abraçam um papel específico.

Thomas também teve esse problema, mas com ele não foi tão ruim. Como mencionei antes, qualquer time de fundadores precisa de alguém que seja muito técnico. Se não for seu(sua) cofundador(a), deverá ser alguém no time de fundadores que você contrata bem no início de uma empresa centrada em produto, como a nossa. Thomas era muito bom em produto, porém não era muito técnico. Não era engenheiro. Então, nunca tivemos um CTO de fato (Chief Technology Officer, o executivo-chefe de tecnologia). Foi uma dificuldade para nós. Thomas acabou tendo que ser CTO, embora não programasse.

Sinceramente, sempre tivemos certa deficiência por Thomas não ter experiência profunda em engenharia. De certa forma, criamos uma armadilha para nós mesmos fracassarmos e não conseguimos preencher de todo essa lacuna desde o início. No começo, contratáramos algumas pessoas, mas nenhuma delas era o verdadeiro líder de engenharia de que precisávamos para supervisionar tudo. Thomas e eu concordamos que, se fôssemos lançar outra startup, teríamos um CTO desde o primeiro dia.

Não tenho certeza do que poderia ter sido feito diferente para evitar esse problema com Thomas. No fim, deu tudo certo. Mas *sei* que, com Diego, minha tendência a evitar o conflito foi a decisão errada. Infelizmente, não foi o único erro que cometi com ele. Apesar de minhas boas intenções, também falhei em antecipar totalmente o potencial inevitável de ressentimento por quem estava ficando com todo o crédito e reconhecimento por nossos sucessos.

QUEM RECEBE CRÉDITO ENTRE OS COFUNDADORES

Nunca me vi como chefe do Diego, mas percebi, depois, que ele me via assim. Talvez eu *devesse* ter me visto como chefe dele, mas estava focado demais em tornar o negócio o melhor que poderia ser. Percebo que isso pode soar ingênuo, mas genuinamente não via o que estávamos construindo juntos em termos de hierarquia de negócios tradicional.

A REAL SOBRE EMPREENDER

Para começar, o motivo de Thomas e eu termos trazido Diego para a empresa foi que precisávamos que ele administrasse o mercado brasileiro. Lembre-se: quando começamos no Brasil, ainda estávamos focados em vários mercados. Diego seria o gerente no país de um desses mercados.

Logo ficou claro, porém, que o Brasil era nossa maior oportunidade. Mudei-me para o país e virei CEO. Isso, em si, não foi um problema com Diego. Eu o avisara, quando ele entrara na equipe, que uma hora encontraríamos um CEO. Na época, eu não sabia que essa pessoa seria eu. Todavia, como Diego não tinha muita experiência, queria deixar claro desde o início que não seria ele.

Ao contrário de Thomas, Diego era mais generalista – assim como eu. A experiência dele era em Administração e, inclusive, aprendi muito com ele sobre como ser um bom gerente, pois eu mesmo tivera poucos cargos administrativos até aquele momento. Mesmo assim, o fato de Diego ser generalista virou um problema, como já falamos. Conforme a empresa cresceu e contratamos mais especialistas, tivemos dificuldade de descobrir qual seria o nicho dele na empresa. Mas havia mais que isso nos problemas de cofundadores entre nós dois.

Depois de eu me mudar para o Brasil como CEO, começamos a levantar muito mais dinheiro e a aparecer muito na imprensa. Eu me vi dando cada vez mais entrevistas. Em retrospecto, houve vezes em que provavelmente fiquei me achando demais vendo minha cara na primeira página do jornal e tudo o mais. Tentei muito não cair nessa armadilha, não me permitir entrar em uma viagem egocêntrica, mas não posso dizer 100% que nunca sucumbi.

É UMA TRAJETÓRIA CLÁSSICA DE STARTUP: NO INÍCIO, HÁ MUITOS GENERALISTAS, MAS, CONFORME A EMPRESA CRESCE, VOCÊ SÓ PODE MESMO TER UM ÚNICO GENERALISTA, QUE É O CEO.

O que *posso* dizer é que, quando falava com jornalistas, tentava, sempre que possível, incluir meus cofundadores. Não queria que Thomas e Diego precisassem me ver no centro de todas as reportagens. Queria que também brilhassem. Todos os dias, eles colocavam tanta energia no negócio quanto eu. Eles sabiam disso. Eu sabia disso. Queria que todos soubessem disso. Mas, ao falar com um jornalista, você não tem muito controle sobre o que ele escreve.

Quanto a Thomas, tenho quase certeza de que havia pouco ressentimento. Mas com Diego sei que havia – e me responsabilizo por isso. Deveria ter sido mais direto e falado mais com ele sobre isso para cortar qualquer potencial sentimento ruim pela raiz. Deveria ter previsto que minha visibilidade crescente acabaria sendo um problema e ter sido mais proativo em não deixar aquilo sair do controle.

Olhando hoje, vejo como deve ter doído. Não era nem o próprio Diego, mas a pressão externa a ele. A família dele me via no jornal e perguntava: "Por que sempre o Brian, por que você não aparece também?". Compreensivelmente, isso criou uma dinâmica estranha para ele.

Sabendo o que sei hoje, teria lidado com tudo de modo um pouco diferente. Mas, na época, acreditava no mesmo princípio geral no qual acredito hoje, que é que você deve sempre tentar impulsionar seu time – e, se o engajar de modo que o faça sentir importante, ele também vai se sentir mais apoiado.

Eu entendia, tanto na época quanto hoje, a importância de fazer as pessoas se sentirem envolvidas e conectadas com o que estão fazendo, como forma de construir mais engajamento. Acho que é uma boa prática em qualquer negócio.

Falhei no momento em que subestimei a lacuna entre *o que estava tentando fazer*, ou seja, elevar meu time, e *a realidade de como minhas ações seriam percebidas* por esses mesmos indivíduos.

Converse desde o início e com frequência com seus cofundadores para verificar como está o emocional deles.

Admito, porém, que mesmo minha tentativa de enaltecer Diego e Thomas não era uma abordagem desprovida de ego: sim, era para maior benefício do negócio e o sucesso do que todos compartilhávamos e tínhamos construído juntos, mas o sucesso da empresa também me beneficiava pessoalmente.

Além disso, eu sabia que, no fim, isso nos ajudaria a ser percebidos pelos investidores – com razão – como um coletivo extraordinário, ao menos em termos do time fundador e de todos os executivos. Eu sabia que havia uma ligação de valor instantâneo nisso. Era bom que *todos* nós fôssemos vistos em ótima perspectiva por investidores, pela mídia e por todo o ecossistema, porque melhorava a credibilidade e o valor gerais da empresa.

A realidade é: éramos *mesmo* bem incríveis juntos. Trabalhando tão próximos uns dos outros, desenvolvemos uma espécie de ritmo e uma linguagem que só acontece quando se está passando muito tempo com alguém. Nossa comunicação como cofundadores não era perfeita, como vimos em meus erros com Diego, mas, na maior parte, passamos a entender e respeitar os estilos distintos de comunicação uns dos outros. Aprendemos por tentativa e erro a nos adaptar e ajustar nossa forma de interagir na direção do que fosse necessário, para podermos trabalhar melhor juntos e resolver quaisquer problemas à mão.

IMPORTÂNCIA DA COMUNICAÇÃO SAUDÁVEL COM COFUNDADORES

Como empreendedor, você deve sempre ser obcecado com comunicação. É a base de tudo: sem ela, o prédio vai desmoronar.

O desafio é que pessoas diferentes podem ter estilos completamente variados de comunicação. Thomas, por exemplo, era inquestionavelmente um C no modelo de perfil DISC. Se você não está familiarizado com o DISC, é um teste de personalidade que classifica as pessoas em quatro tipos distintos. Segundo as letras do inglês, D é de dominância, I de influência, S de estabilidade e C de conformidade.[3]

Thomas era e é um pensador muito crítico. Sempre me enviava uns e-mails superlongos. Eu lia o e-mail e ligava para ele para conversar sobre aquilo. Era nosso *modus operandi*, a forma como nos comunicávamos: ele, por escrito, e eu, verbalmente.

Ele era igual no que dizia respeito a produto e engenharia. Algo surgia e eu ia falar com ele. Mas ele não queria saber. Dizia direto: "Estou concentrado aqui agora. Estou trabalhando em algo. Você está quebrando meu fluxo". Precisei descobrir aos poucos a melhor forma de me comunicar com ele, como marcar um horário em vez de apenas abordá-lo do nada.

Quais são os diferentes estilos de comunicação entre você e seus cofundadores? Como estão respeitando essas diferenças?

Muitas vezes, pensei em como a relação entre cofundadores parece um casamento. Thomas e eu desenvolvemos rotinas – algo parecido com meu café das quatro da tarde com Andrea

---

3 Se você quer descobrir o próprio perfil DISC, visite https://www.crystalknows.com. Acesso em: 09 dez. 2020.

RELACIONAMENTO ENTRE COFUNDADORES 111

– de sair para caminhadas diárias no parque, dar uma volta e deixar o papo fluir, jogando conversa fora sobre tudo que ele e eu tínhamos em mente.

Veja, é claro que minhas rotinas com minha esposa são um pouco diferentes, porque, bem, é minha esposa. Mas definitivamente há semelhanças e, como aprendi com Thomas e Diego, uma boa relação entre cofundadores, como um bom casamento, *não* é aquela em que vocês nunca brigam nem discutem. Tem tudo a ver com *como* vocês expressam as discordâncias.

Como com um cônjuge, a confiança é a base da relação entre cofundadores. Se não houver confiança, acabou. Isso é especialmente verdade com cofundadores, mas é um bom conselho para tudo e é algo que você deve tentar desenvolver com toda a equipe. Essa confiança se constrói por alinhamento em valores e é provada com atitudes. Ter confiança é ter certeza de que seus cofundadores têm certos valores que direcionarão suas atitudes. E o motivo pelo qual você tem certeza é porque os viu demonstrar esses valores com atitudes durante longo período.

Aprendi muito sobre confiança com o modelo para trabalho em equipe chamado "Cinco comportamentos de uma equipe coesa". A Confiança é a base da pirâmide e há cinco camadas. Quando há Confiança, isso permite o Conflito (a próxima camada), porque agora há uma base suficiente para discordância, às vezes acirrada. Depois, envolvendo-se com esse Conflito, vocês começam a criar Compromisso um com o outro. E, quando conseguem firmar um Compromisso, têm Responsabilidade – que é o que, finalmente, leva a Resultados.

Modelo dos cinco comportamentos de uma equipe coesa

No entanto, um elemento importante da relação entre cofundadores não mencionado por esse modelo é gratidão – expressar agradecimento e valorização ao seu cofundador por tudo o que ele faz e pela parceria como um todo, incluindo todos os obstáculos no caminho e as valiosas lições aprendidas.

Como em um casamento, às vezes você precisa tirar um tempo com seus cofundadores para se conectar e entrar em sintonia. Uma das formas como Thomas e eu, em particular, conseguimos ficar próximos durante nosso relacionamento foi que ambos passamos por dificuldades pessoais ao longo daqueles anos. Thomas se divorciou duas vezes. Eu e Andrea tivemos o problema de não conseguir engravidar, além de ela estar nos Estados Unidos e de todas as dificuldades de não estarmos próximos. Nós dois tivemos períodos de depressão leve.

Durante tudo isso, sempre é preciso manter a admiração pela pessoa como ser humano – além de por suas habilidades únicas e pelo valor que ela adiciona à empresa. Honestamente sentia isso tanto por Thomas quanto por Diego. Os dois são incríveis.

RELACIONAMENTO ENTRE COFUNDADORES **113**

É preciso estar com seus cofundadores durante as batalhas pessoais. A razão de vocês estarem juntos nessa é que escolheram um ao outro.

No fim das contas, inevitavelmente conflitos emergirão entre você e seus cofundadores, e tudo bem. Aliás, acho que boas parcerias muitas vezes se alimentam do conflito. Desde que você se lembre das intenções subjacentes – voltando à missão fundamental do que estão tentando construir juntos e por quê –, as discordâncias como cofundadores podem afiar a estratégia e ajudá-los a subir de nível.

O problema é quando você tem um pensamento fixo. Por mais que Thomas e eu tenhamos discutido ao longo dos anos, ele sempre conseguiu melhorar minhas ideias desafiando-as – e sempre chegamos a um lugar melhor depois de discutir.

Em resumo, desde que vocês estejam melhorando um ao outro e não sendo combativos de modo prejudicial, o conflito entre cofundadores pode ser uma força muito boa e positiva em startups.

O SUCESSO MASCARA PROBLEMAS ENTRE COFUNDADORES

Os problemas de comunicação, em geral, são passíveis de conserto. Contudo, se por qualquer motivo seu(sua) confundador(a) não estiver cumprindo sua parte do negócio – como definido no acordo relativo ao patrimônio adquirido – ou ficar claro que não está no papel certo, obviamente é melhor cortar os laços logo. Geralmente, o que acontece nesses cenários é que ambos percebem.

114 A REAL SOBRE EMPREENDER

Ironicamente, a situação mais desafiadora é quando, apesar dos problemas entre cofundadores, o negócio é muito bem-sucedido. O sucesso mascara os problemas entre cofundadores e faz com que vocês evitem o tipo de conflito saudável e necessário tão importante em uma startup.

É claro, o oposto também é verdade: quando o negócio *não* está indo tão bem é que vocês tendem a ter muitos conflitos.

Mesmo que esteja no meio de um conflito, o mais importante é lembrar-se de que nem sempre vai parecer tão sério quanto naquele momento. Mantenha as coisas em perspectiva. Tanto com Thomas quanto com Diego, fora algumas explosões, nunca ficamos muito chateados uns com os outros. E, quando tínhamos essas brigas, nos certificávamos de fazer as pazes e, muitas vezes, aproveitar a oportunidade para reconhecer nossa gratidão. Thomas e eu dizíamos coisas como: "Cara, que parceria incrível temos já há uma década".

Abrace o conflito entre cofundadores, mas certifique-se de que a briga é justa. Se houver risco de o conflito sair do controle, estabeleça limites.

Quando Thomas saiu da empresa em 2015, me disse: "Quero sair. Estou cansado, não quero mais fazer isso". Foi a única briga séria que tivemos. Disse que nunca mais queria trabalhar comigo, e eu disse que deveria tê-lo chutado pra fora da empresa!

Os investidores não gostaram nada da notícia de que Thomas estava indo embora, e definitivamente me senti magoado e abandonado. Quando se tem uma equipe de duzentas pessoas, todas com responsabilidades diversas, como nós naquele momento, o papel de cofundador ocupado por Thomas se torna menos importante, de certa forma (com certeza, menos crítico

ABRACE O CONFLITO ENTRE COFUNDADORES, MAS CERTIFIQUE-SE DE QUE A BRIGA É JUSTA. SE HOUVER RISCO DE O CONFLITO SAIR DO CONTROLE, ESTABELEÇA LIMITES.

A REAL SOBRE EMPREENDER

do que era no início). Sim, acontece, em especial em empresas maiores. Ainda assim, a ausência dele resultou em grande lacuna na empresa.

Avançando um pouco, eu mesmo saí um ano depois, em 2016, e, quando o fiz, acabei ajudando a convencer Thomas a voltar à empresa por um ano, o que foi muito útil. Na época, tínhamos um problema envolvendo parte muito importante de nosso negócio. Eu sabia que Thomas era a melhor pessoa para resolvê-lo, e ele veio e fez exatamente isso – com Lucas, meu sucessor como CEO (eles trabalharam nisso juntos).

Olhando tudo em retrospecto, só penso: que jornada incrível.

Sou muito grato a meus dois cofundadores.

Também aprendi muito, desde aqueles dias, com os erros que cometi com eles. Reconheço que os obstáculos estruturais fizeram com que fosse difícil tanto para Thomas quanto para Diego manterem a relevância no negócio. Como manter a relevância se você não é o CEO? Não é fácil. Mas o que aconselharia a pessoas nessa posição é desenvolver um conjunto de habilidades forte e específico, fundamental ao negócio, um papel crítico que elas possam de fato exercer.

Muitas vezes, um cofundador técnico é muito bom em execução, mas não tem as habilidades necessárias para gerir um time de engenharia. Há algo chamado carreira em Y, muito visto em engenharia de produtos, em que a pessoa segue uma de duas rotas: permanece como colaborador individual programando o código ou vai para a gestão. Mas, mesmo nessa última situação, em geral as pessoas precisam *aprender* a gerir equipes. Faz sentido: a maioria dos cofundadores é bastante "cru" na carreira. Se é a primeira empresa deles, obviamente nunca tiveram a experiência de escalar um time. Então, não

RELACIONAMENTO ENTRE COFUNDADORES **117**

sabem como é construir todos os processos. Mas é possível aprender essas habilidades.

Não foi o caminho de Diego, é claro. Ele era generalista, não cofundador técnico. Mas eu poderia ter me comunicado melhor com ele sobre qual era o novo caminho que precisaria criar para si conforme a empresa crescia. Fui demais para o lado de evitar conflito em vez de falar verdades duras.

Como você viu neste capítulo, até certo ponto, os conflitos entre cofundadores fazem parte – e podem ser bons.

No meu caso, fico feliz em relatar que nós três, eu, Thomas e Diego, nos damos bem hoje, o que é uma grande parte de por que fico confortável compartilhando essas histórias em meu livro. E, aliás, acredito que nossas relações estão ainda melhores hoje, não *apesar*, mas *por causa* de nossas brigas.

FUNDANDO E ESCALANDO SUA EMPRESA

CAPÍTULO 4
O VALOR DAS VIRTUDES

Antes de construir meu negócio no setor imobiliário e de me mudar para a Colômbia, vivi basicamente em meu carro, viajando pelo México e pela América Central. Foi uma aventura incrível. Todavia, quando cheguei à Colômbia, com o objetivo de visitar Andrea, e decidi estender minha estada, precisava de um lugar real para morar.

A princípio, fiquei em um motel miserável em uma parte bem esquisita de Bogotá. É preciso entender que "motel" na Colômbia tem o mesmo conceito que no Brasil. Achei que fosse mais como um Motel 6 ou um Super 8 nos Estados Unidos, ou seja, um hotel de baixa categoria. Em essência, é um lugar que se aluga por hora. Mas, na época, eu não sabia disso. Era apenas a coisa mais barata que consegui encontrar.

Logo depois de chegar, saí com Andrea e a família dela. A essa altura, estávamos em uma relação a distância havia nove meses (e tínhamos namorado por cinco meses antes disso, em San Diego). Eu tinha ido à Colômbia para visitá-la e ver se a relação seguiria adiante. Então, quando ela me convidou para sair com a família dela certa noite, parecia algo sério. A família dela é da alta sociedade e nos arrumamos todos para ir a uma peça, em um teatro muito bonito, em um bairro chique.

Provavelmente eu esteja compartilhando informação demais, mas vou contar mesmo assim: desde que chegara à Colômbia, estava em uma dieta quase exclusiva de comida de rua barata. Meus órgãos não estavam acostumados a bons jantares; então, quando chegamos ao teatro depois de uma bela refeição, eu já estava passando por alguns, digamos, problemas gastrintestinais severos.

Eu pegara emprestado o terno do meu (hoje) sogro e, embora estivesse quente no teatro, fiquei com ele para me cobrir (e disfarçar o que quer que meu estômago doente estivesse fazendo). O intervalo não poderia ter demorado mais – eu estava morrendo por dentro. Não ajudou a performance ser bastante séria e silenciosa. Era uma peça de uma companhia de teatro coreana em que um homem lentamente cavava areia e a empilhava em uma espécie de estrutura com um intrincado padrão em espiral. Sem brincadeira: essa era toda a "trama".

Dava para ouvir um alfinete caindo. Quando finalmente saímos de lá, eu estava pronto para explodir.

Depois de mal sobreviver à noite sem me envergonhar por completo na frente da família de Andrea, concordei em deixar que eles me dessem uma carona para casa. Má ideia. "Onde você está hospedado?", perguntaram. Quando dei o endereço, reagiram com: "Ah... não é uma área muito boa".

Piorou. Eles me deixaram em frente ao que claramente era um motel e depois, fiquei sabendo, começaram a dar bronca em Andrea. "Você precisa tirá-lo daí", disseram a ela. "É um lugar horrível para ele ficar!"

O VALOR DAS VIRTUDES **123**

Eu sabia que precisava encontrar um apartamento melhor se fosse ficar na Colômbia. Desse modo, peguei o jornal para ver o que conseguia achar nos classificados (na época, não havia muita informação on-line). Um anúncio parecia promissor, então liguei e falei com um corretor, que disse: "Ah, tenho o imóvel perfeito para você". Encontrei-me com ele em um café, onde ele abriu a pasta e puxou um pedaço de papel com quinze imóveis listados. "O lugar que você está procurando com certeza está nesta lista", disse.

"Ótimo", respondi. "Vamos visitar."

Mas aí ele balançou negativamente o dedo. "Não, não, custa vinte mil pesos." Não era muito dinheiro, uns dez dólares na época. Mas era basicamente a quantia que eu pagava por noite para ficar no motel!

Na realidade, fiquei mal-humorado de o cara estar me cobrando – e por nada mais que acesso a informações. Mas aí pensei no motel miserável em que estava hospedado. Dei o dinheiro a ele, mas acabou sendo um desperdício total. O primeiro lugar que vi já estava alugado. O segundo era grande demais. O terceiro, caro demais. Saí de mãos abanando.

Tem de haver um jeito mais fácil, pensei.

Embora tivesse saído sem nada naquele dia, acabou sendo um mal que veio para o bem, porque minha frustração com o processo foi o que inspirou meu negócio. Eu queria construir um repositório central de informações e inventário imobiliário, para que os clientes pudessem ver todas as opções de uma vez. Entendi a dor que estava tentando resolver porque eu mesmo passara por ela. Quando estava procurando um apartamento, era impossível até saber o que estava disponível. Não havia acesso a uma informação centralizada e consolidada sobre imóveis. O cliente ficava totalmente impotente.

Eu queria mudar isso. Queria colocar a informação de inventário disponível a todos – de graça.

E foi exatamente o que eu e meus cofundadores fizemos. Construímos uma plataforma enorme que, hoje, tem cinquenta milhões de visitas por mês, apenas no Brasil, de pessoas à procura de um imóvel. Também temos milhares de anunciantes, empresas imobiliárias e outras, que colocam suas listagens no site – literalmente, milhões de imóveis por todo o país.

Conto essa história sobre a gênese da minha empresa porque ela mostra a importância do propósito. As melhores empresas do mundo são impulsionadas por propósito, inspiradas por um impulso de resolver um problema real no mundo. Certamente foi o caso com o Viva Real, e eu sabia que estávamos farejando algo, porque compreendia o ponto de dor como consumidor.

No entanto, após chegar ao nosso objetivo de resolver o problema e criar o repositório central de informações imobiliárias, percebi que havia outro problema relacionado, que era que o serviço em si, a experiência do cliente com corretores, era quase sempre terrível (com exceção de um punhado de empresas). Não tínhamos inovado o suficiente, o que deixou uma abertura e uma oportunidade para outra empresa: o QuintoAndar veio e construiu uma solução verticalizada em que cuidava de todo o processo de listar o imóvel, intermediar o aluguel e até oferecia um seguro.

Acabei, inclusive, investindo no QuintoAndar e considero Gabriel Braga e Andre Penha dois dos melhores fundadores no Brasil. Recebi algumas críticas por fazer o investimento. Inicialmente, não éramos concorrentes diretos, mas, conforme as duas empresas amadureceram, passou a existir mais

AS MELHORES EMPRESAS DO MUNDO SÃO IMPULSIONADAS POR PROPÓSITO, INSPIRADAS POR UM IMPULSO DE RESOLVER UM PROBLEMA REAL NO MUNDO.

sobreposição. Minha mentalidade era a de que o Viva Real não podia ser dono de todo o ecossistema e os fundadores do Quinto iam ter sucesso com ou sem o meu investimento. Aprendi muito com eles ao longo dos anos. Também acabou sendo (até o momento da escrita) meu melhor investimento-anjo. Todavia, para início de conversa, o motivo de eu ter sido capaz de reconhecer o valor foi, de novo, que eu compreendia a dor. Era a mesma sensação de reconhecimento que senti quando criei o Viva Real.

Escaneie o QR Code para escutar uma entrevista que fiz com Gabriel para o Latitud Podcast.

DAS DORES AO PROPÓSITO

Nem todo negócio precisa ter uma experiência íntima e direta com as dores dos clientes, mas acho que é algo que valida enormemente um(a) fundador(a) ter sentido na pele essa dor. Você se sente muito mais motivado(a) a resolver o problema.

Por exemplo, veja o fundador e CEO do Nubank, David Vélez, que abriu a empresa em 2013 com base na ideia de dar às pessoas mais controle sobre sua vida financeira. Passamos para sete anos depois e, enquanto escrevo este livro, a pequena startup de David está agora na sétima rodada de financiamento Série F[4] e se tornou o maior banco digital do mundo!

---
4 Uma startup passa por várias rodadas de captação de fundos à medida que cresce. Após rodadas de capital inicial e capital semente, elas seguem uma ordem alfabética (Série A, B, C etc.). (N. E.)

(O montante captado do proeminente investidor TCV levou o *valuation* do Nubank a dez bilhões de dólares.)[5] Toda a premissa do negócio nasceu de uma frustração pessoal com a experiência bancária no Brasil: quando você vai a um banco no país, como a segurança é um problema tão sério, é preciso tirar todos os pertences, como em um aeroporto. Há seguranças armados que tratam todo mundo basicamente como criminoso. É um calvário abrir uma conta.

Vélez estava cansado dessa rotina e queria construir algo que resolveria o problema tirando a experiência bancária da agência e levando-a para a internet. Claro, o internet banking já era bastante comum nos Estados Unidos e em outras partes do mundo – e hoje é bem avançado no Brasil também. Mas a verdadeira inovação trazida por Vélez é que sua empresa, o Nubank, não carregava o fardo dos custos fixos associados às agências físicas pelo país. David diz: "Somos uma empresa de tecnologia que por acaso está na área de serviços financeiros, enquanto outros bancos são empresas de serviços financeiros que usam tecnologia". Parece uma distinção pequena, mas é uma das principais razões pelas quais David e seu time puderam construir tanto valor. O Nubank foi pioneiro em *muitos sentidos* e ainda é uma das empresas mais inovadoras do mundo. Mas tudo começou com o fundador tentando resolver um problema pessoal.

Não importa que tipo de negócio você esteja tentando construir, tem mais chance de criar uma grande ideia ao tentar resolver uma dor pessoal. Mas você também precisa garantir que o

---

[5] COM nova rodada de investimentos, Nubank se torna primeira fintech brasileira avaliada em cerca de US$ 10 bilhões. **IstoÉ**, 26 jul. 2019. Disponível em: https://www.istoedinheiro.com.br/com-nova-rodada-de-investimentos-nubank-se-torna-primeira-fintech-brasileira-avaliada-em-cerca-de-us-10-bilhoes/. Acesso em: 23 out. 2020.

que está tentando conquistar seja, de fato, uma solução real, não só um band-aid – um analgésico, não uma vitamina.

No que diz respeito ao problema que você e seu negócio estão tentando resolver, vocês estão fornecendo o tipo de pílula que as pessoas realmente estão desejando – para ajudar a eliminar, de uma vez por todas, as dores persistentes? Ou seu remédio é apenas suplementar? Em muitos casos, os fundadores confundem os dois. Acham que estão resolvendo uma dor profunda, mas, na realidade, estão só entregando vitamina C.

Sim, ter um negócio impulsionado por propósito quer dizer que você está motivado(a) por ter passado por algo que realmente o(a) incomodou, que você sente que é injusto ou deveria ser diferente – e quer garantir que outras pessoas não sofram desse jeito. Mas há mais que isso. Construir um negócio com propósito tem a ver com olhar o problema e levá-lo para o futuro. Tem a ver com perguntar a si mesmo(a): Como o mundo existe hoje e como será melhor amanhã por causa de sua solução? E como será essa nova realidade quando você tiver resolvido o problema? Em que sentido as pessoas estarão mais felizes?

Construir um negócio com propósito é olhar o problema e ver o futuro.

É isso que quero dizer quando falo sobre precisar de um motivador intrínseco. De novo, não tem problema querer dinheiro, mas a realidade é: se você estiver nisso só para ficar rico(a), não vai ter combustível para lutar e ultrapassar todo o atrito e a loucura que lhe esperam. É claro, dinheiro é importante. Não estamos falando de organizações sem fins lucrativos. Mas ter um motivador intrínseco torna muito mais provável que você consiga suportar os altos e baixos significativos dessa viagem louca que é construir um negócio.

O VALOR DAS VIRTUDES **129**

Veja, por exemplo, uma empresa em que investi, a LiftIt – uma organização colombiana que já se expandiu para o Brasil, México, Equador e Chile –, fundada por Brian York. Brian nasceu na Colômbia, mas foi adotado com duas semanas de vida e levado para os Estados Unidos. Foi criado em Boston sem falar nada de espanhol, mas a certa altura decidiu que queria voltar e procurar a mãe biológica. Aí, enquanto estava na Colômbia, viu uma oportunidade de negócio. Notou que muitas pessoas tinham o próprio caminhão, porém trabalhavam para empresas transportadoras. Havia uma demanda enorme por entregas. E se – pensou – todos esses caminhoneiros pudessem ser consolidados em uma única plataforma?

A premissa da startup dele era eliminar o intermediário (as grandes transportadoras) e dar poder aos caminhoneiros, que acabavam com mais clientes e margem melhor, porque agora podiam vender seu negócio diretamente. No fim, esses mesmos caminhoneiros ganham bem mais e conseguem sustentar melhor suas famílias. Isso era tudo para o fundador. Era uma maneira de retribuir algo ao país em que nascera – e foi um motivador intrínseco muito convincente.

Também investi em outra empresa colombiana (agora expandida para o Brasil e além) chamada Chiper, baseada em uma ideia parecida. Por toda a América Latina, há milhões de pequenas lojas geridas por famílias microempreendedoras – e, há muito tempo, prevê-se que serão dizimadas pelas grandes varejistas. Então, para atacar esse problema, a Chiper criou uma plataforma que fornece a esses donos de pequenas lojas as ferramentas e tecnologias necessárias para competir nesse mercado tão desafiador. A Chiper fez isso desvendando o potencial do e-commerce para pequenos varejistas, mas também os unindo, permitindo que comprassem grande volume de mercadoria e, portanto, aumentando seu poder de negociação.

No fim, a Chiper ajudou esses empreendedores a revidarem contra as megacorporações e a vencerem – não só por oferecerem um ótimo serviço como também preços mais competitivos. Nesse processo, também mudaram hábitos dos consumidores da região! Cada um desses estabelecimentos hiperlocais – centenas de milhares no Brasil e na Colômbia – é agora um nódulo que conecta consumidores com esmagadora gama de novas opções e oportunidades.

Essencialmente, esse arranjo é benéfico não só para os donos de loja, mas também para os clientes. Ajudando a reduzir o custo de aquisição de produtos, a Chiper cria margens de lucro maiores para as lojas. E as lojas repassam parte dessa economia aos consumidores, criando preços mais baixos e motivando as pessoas a comprarem localmente em vez de, digamos, em alguma rede gigante de supermercados.

Para muitos negócios impulsionados por propósito, o motivador intrínseco é uma missão social.

Até certo ponto, quase todas as empresas no Brasil têm um elemento de missão social, no sentido de que a economia ainda está em desenvolvimento. Então, apenas abrindo um negócio, você consegue remunerar famílias para ajudar a pagar a educação das crianças e criar ciclos positivos.

Certamente sinto orgulho do fato de que, no Viva Real, criamos mil empregos no Brasil. Mas isso veio depois. No começo, é claro, éramos apenas Thomas e eu. Falamos sobre que tipo de empresa estávamos tentando criar e por que a estávamos criando. Mas foi só depois de dois anos que realmente nos sen-

TRADUZINDO O *PORQUÊ* EM VIRTUDES

O que quero dizer com virtudes?

Uso a palavra intencionalmente e em contraposição ao termo *valores*, mais comum em negócios, para enfatizar que são mais que apenas objetivos aos quais aspirar. De acordo com Jack Krupansky, "virtudes são valores *vividos*, valores *em ação*, valores conquistados em uma base regular e confiável".[6] Há inúmeras companhias que falam muito sobre seus valores, mas da boca pra fora. Elas dizem uma coisa e fazem algo completamente diferente.

Valores não significam nada a menos que você os *vivencie*.

Não diga apenas quais são seus valores, demonstre-os! Aja a favor deles. Sobretudo se você for o fundador ou a fundadora. Como liderança, você precisa exemplificar profundamente, o tempo todo, as virtudes da empresa e vivenciar sua cultura no próprio comportamento.

Vou dar um exemplo. Era o início de nossa empresa, em uma reunião geral mensal, entre vinte e cinco e trinta de nós atulhados em nosso escritório xexelento com vista para um cemitério (juro). Eu falava com o grupo quando o telefone tocou. Todo mundo ficou sentado, deixando o aparelho tocar, incluindo o pessoal do departamento de atendimento ao consumidor. Eu era CEO, e eles não queriam me interromper. Então, parei a

---

6 KRUPANSKY, J. Relationship between virtues and values. **Jack Krupansky Medium**, 24 jan. 2018. Disponível em: https://jackkrupansky.medium.com/relationship-between-virtues-and-values-5f6b90861165. Acesso em: 27 out. 2020.

132 A REAL SOBRE EMPREENDER

reunião, fui até o telefone de atendimento ao consumidor e o atendi. E nem sou falante nativo de português!

Foi um instante de ensinamento sobre ser obcecado pelo consumidor: a virtude que eu queria transmitir ao time era que não havia nada mais importante que um cliente. Pequenas ações como essa são verdadeiras afirmações – e muito importantes porque se tornam folclore. Verdadeiramente, tornam-se a *verdade* na empresa.

Mas só se você estiver agindo de maneira genuína. Ação é tudo. E o conjunto inicial de virtudes criado por mim e Thomas era completamente baseado em ação. Por exemplo, quando um estagiário derramou uma cerveja no escritório, lembro-me de que me ajoelhei antes de qualquer um e limpei aquela droga. Parece algo pequeno, mas foi uma ação memorável que demonstrou humildade. Era uma de nossas virtudes mais importantes – humildade – e o que a fazia ser verdade era que a praticávamos de maneira regular e diária.

Para nós, humildade quer dizer que o ego fica do lado de fora. Não é a pessoa, mas a ideia. *Ideias melhores vencem*, não importa de onde venham. Ou, dito de outra forma, são os resultados que contam, e não há conceitos fixos nem melhores práticas, apenas melhores soluções. Mas, de novo, toda essa ênfase na humildade não significaria nada se não a tivéssemos demonstrado na prática inúmeras vezes. Muitas empresas falam do espírito de servir aos outros. Contudo, se isso é o que você *diz* que quer, precisa provar com ações realmente fortes.

Mais diretamente, virtudes não têm a ver só com ações que você pretende ter, mas também com ações passadas. Por exemplo, ao começar nosso negócio e ter dificuldade de levantar capital, passamos bastante tempo sem ter muito dinheiro. Isso nos

IDEIAS MELHORES VENCEM,
NÃO IMPORTA DE ONDE VENHAM.
OU, DITO DE OUTRA FORMA,
SÃO OS RESULTADOS QUE
CONTAM, E NÃO HÁ CONCEITOS
FIXOS NEM MELHORES PRÁTICAS,
APENAS MELHORES SOLUÇÕES.

A REAL SOBRE EMPREENDER

ensinou a ser frugais. Então, quando Thomas e eu buscamos esculpir explicitamente nossas virtudes, nos inspiramos em nossas experiências até aquele ponto – e ser frugal era uma grande parte da jornada que tínhamos vivido.

Naqueles dias iniciais, quando estávamos começando nossa operação no Brasil, também vivíamos a virtude que descreveríamos como fazer as coisas acontecerem. Diego é o exemplo perfeito disso. Lembro-me de uma vez, quando marcamos uma reunião com o diretor de crédito imobiliário do Bradesco, e o cara insistiu em fazer a reunião em nosso escritório, em vez de no dele. Mas nosso "escritório", se é que podíamos chamá-lo assim, era apenas parte do apartamento em que Diego morava. Não tínhamos sequer uma mesa de reunião. Assim, na noite anterior, dirigimos até uma loja de móveis e escolhemos uma mesa. Caía um temporal quando tentamos colocá-la no carro de Diego e só então descobrimos que o móvel não cabia no porta-malas do pequeno Fiat. Tivemos que baixar os assentos, encaixar a mesa, e precisei ficar deitado sobre ela durante todo o percurso de volta. Como se não bastasse, a mesa também invadiu o espaço do câmbio manual, então Diego só conseguia usar a primeira, a terceira e a quinta marchas! Surpreendentemente, chegamos sãos e salvos ao apartamento e a tempo de montar a mesa da reunião para o dia seguinte. Fizemos acontecer. É simplesmente o tipo de pessoas que éramos e sempre fomos.

Às vezes, entretanto, chegávamos a uma virtude em razão de erros que cometíamos. Naqueles primeiros dias, também tivemos problemas com nossos funcionários tendo vergonha de nos confrontar sobre questões importantes. Por causa disso, aprendemos como é fundamental promover ativamente

O VALOR DAS VIRTUDES 135

um ambiente de questionamento. O que nos levou a outra virtude: <u>não faça nada que julgar idiota</u>. Em outras palavras, se você estiver indo pelo caminho errado e tomando decisões ruins, precisa que sua equipe faça o que se deve fazer no metrô de Nova York: se viu algo, diga algo!

Essa virtude, na realidade, era baseada em um conceito extraído do livro *Fora de série – Outliers*, de Malcolm Gladwell. No livro, ele conta a história de uma queda de avião em 1990. Em razão do mau tempo, a aeronave, pilotada por colombianos, foi obrigada a sobrevoar a região de Nova York por mais de uma hora, até que o baixo nível de combustível se tornou preocupante. O piloto ordenou ao copiloto que comunicasse a emergência à torre de controle. Mas os controladores de voo de Nova York têm fama de ser demasiadamente ríspidos. O copiloto, portanto, recorreu a muitos padrões de "discurso mitigado", usado para abrandar o sentido do que é dito, para soar mais educado ou respeitoso diante de uma autoridade. Em nenhum momento comunicou o estado de emergência e tampouco avisou ao capitão o que realmente estava acontecendo. No fim, isso acabou sendo fatal – mas o erro não foi apenas do copiloto. Comissários e engenheiros entraram na cabine e constataram a gravidade da situação, porém não se pronunciaram. Ninguém queria parecer incisivo demais ou agressivo: o capitão era o especialista e questioná-lo teria sido desconfortável e potencialmente humilhante.

Isso era sobretudo relevante para nós na época, dado que estávamos construindo nossa empresa, a princípio, na Colômbia. Ainda não entendíamos por completo, mas existe algo chamado mentalidade "sim, senhor", especialmente prevalecente na Colômbia e no Brasil. Quer dizer que você faz o que quer que o chefe mande, porque ele é o chefe. Era a antítese do que queríamos para nossa empresa. Ia completamente contra nossa crença de que o que importa não é quem tem a ideia, mas a ideia em si.

Obviamente, há exceções a essa regra, e, no cenário de startups dos Estados Unidos, o pêndulo quase vai longe demais na direção oposta, a ponto de ser contraproducente. Nos Estados Unidos, as pessoas amam desafiar e entram em debate sobre *tudo*. Mas esse não foi nosso problema ao lançar nossa empresa. Nosso desafio era fazer as pessoas superarem essa mentalidade prejudicial de "sim, senhor". Contudo, conforme a cultura de startups cresce, vemos mais gente se encaixar no estilo de vida de uma startup. À medida que o ecossistema se desenvolve, uma nova geração de pessoas com "mentalidade de dono" nasce.

Queríamos criar uma cultura de ser *ousado*, e isso falava de outra virtude cultural que definimos no início, que era correr riscos, cometer erros e aprender com eles. Não fique no banco de reservas esperando as coisas acontecerem.

Ou, para colocar de outra forma, é melhor pedir perdão que permissão. Por exemplo, no início tínhamos o problema "do ovo ou da galinha" em nosso *marketplace*, a questão sobre o que vem primeiro: quem busca imóveis ou quem os anuncia. No nosso caso, sabíamos que precisávamos trazer antes um inventário de imóveis para o site. Mas ninguém queria anunciar imóveis se não havia ninguém os buscando! Assim, decidimos construir um robô que varreria a internet e puxaria todo o inventário de sites de corretores de imóveis.

Foi uma jogada ousada, que catapultou nosso crescimento. Só que, imediatamente depois de lançarmos a estratégia, começamos a receber uma enxurrada de ligações de potenciais

O VALOR DAS VIRTUDES **137**

clientes ameaçando nos processar porque nunca pedimos permissão para incluir seus imóveis no site. O único motivo pelo qual descobriram que existíamos foi que começaram a receber contatos espontaneamente por causa do nosso site – pessoas querendo comprar e alugar os imóveis puxados do site deles. Felizmente, conseguimos amenizar a raiva deles ao fazê-los entender que, na realidade, estávamos gerando valor para eles e não éramos uma ameaça.

Foi um risco alto que assumimos, mas compensou! Não pedimos permissão e, nesse caso, tampouco pedimos perdão. Por fim, depois que convertemos essas ligações furiosas em clientes para testes, adaptamos nossa estratégia e desenvolvemos uma abordagem mais refinada, que não parecia tão agressiva.

Para deixar claro, essas virtudes – pedir perdão em vez de permissão, não fazer nada que julgar idiota etc. – não eram apenas ideias que Thomas e eu tivemos só "porque sim". Depois de selecionar essas como nossas virtudes, a ideia toda era *comunicá-las* consistentemente, e desde o início, a cada pessoa nova que entrava na empresa. Ninguém fazia isso melhor que Diego. Ele literalmente se sentava com todo mundo e passávamos pelo conjunto todo, lendo cada virtude em voz alta e explicando exatamente por que era importante.

De modo crucial, fizemos isso desde o início, com as primeiras pessoas que contratamos. Se você não tem uma definição clara daquilo em que acredita logo quando está começando, as primeiras contratações também não vão saber o que você defende. É preciso ter seu DNA de base como empresa, e ele vem dos fundadores.

Conforme você evolui como empresa, certas virtudes podem se tornar mais importantes que outras. Por exemplo, no início, éramos nós contra o mundo. Tínhamos que lidar com um monte de merda. Precisávamos que nossos funcionários se sentissem o mais apoiados possível para terem energia o bastante. Então, nos certificamos de comemorar ao máximo os sucessos deles, e, no início, comemorar sucessos era algo certo em nossa lista de virtudes. Sabíamos que tínhamos que comemorar aquelas pequenas vitórias iniciais para funcionar como nossa inspiração! Era quase como manifestar nossos sucessos futuros.

Mas depois essa virtude deixou de ser tão crucial. Sim, comemorar sucessos e valorizar pequenas vitórias ainda são relevantes quando você é uma empresa grande, mas, se não tiver cuidado, pode ter efeito oposto ao desejado. Pense bem: se você estiver ganhando e comemorando o tempo todo, corre o risco de se tornar arrogante. Quando menos esperar, não estará preparado para uma startup menor chegar e engolir a sua! Lembro-me de que isso aconteceu com nossos concorrentes: eram arrogantes, e tiramos vantagem dessa vulnerabilidade. Todavia, em outros momentos, fomos nós que estivemos no lado errado da equação: éramos os arrogantes com dificuldade de nos adaptar ao cenário.

Acontece o tempo todo: as empresas estão tão ocupadas comemorando seus sucessos que desenvolvem um ponto cego. Acabam desprezando os concorrentes, para prejuízo próprio. Não estão mais alertas, e é aí que o novato esperto decide atacar. Quando você começa a pensar que é o maioral, para de aprender. Mantenha-se humilde!

Muitas virtudes em nossa lista inicial tinham a ver com isso e tentavam nos alertar contra pensar que tínhamos todas as respostas. "Jamais se acomode, mantenha-se faminto", escrevemos.

SE VOCÊ NÃO TEM UMA DEFINIÇÃO CLARA DAQUILO EM QUE ACREDITA LOGO QUANDO ESTÁ COMEÇANDO, AS PRIMEIRAS CONTRATAÇÕES TAMBÉM NÃO VÃO SABER O QUE VOCÊ DEFENDE. É PRECISO TER SEU DNA DE BASE COMO EMPRESA, E ELE VEM DOS FUNDADORES.

E "nossos clientes têm ótimas ideias: ouça-as". Era uma mistura interessante. Por um lado, queríamos estar cientes de qualquer arrogância que surgisse, mas também precisávamos encorajar o espírito de luta tão importante em uma startup. Uma de nossas virtudes, por exemplo, era "respeitar concorrentes, mas ganhar deles de todas as formas possíveis".

E havia, ainda, as virtudes mais enraizadas em nosso trabalho cotidiano, mais relacionadas a produto e engenharia. Por exemplo, nossas primeiras experiências tinham nos ensinado a repetir rápido ciclos de produto, e isso levou a uma virtude que descrevemos como "lançar rápido e lançar com frequência".

Olhando agora em retrospecto aquela lista inicial criada por mim e por Thomas, fico impressionado com como a maior parte das virtudes era certeira, mesmo no início. Haveria uma série de reiterações no futuro, mas os princípios condutores permaneceram os mesmos.

COMO CRIAR SUAS VIRTUDES

Quando eu tinha apenas 19 anos, trabalhava em uma empresa chamada Z57. Aí, quando abri meu próprio negócio – não a empresa imobiliária, isso foi ainda antes – e tentei escrever as virtudes, sinceramente só copiei da Z57. Literalmente, fui até o site deles e procurei com o que *eles* se importavam.

Ótimo, pensei, *parecem boas, vou usar essas.*

É muito difícil criar as próprias virtudes até estar de fato mergulhado, construindo o negócio. E, mesmo assim, se você nunca teve um negócio antes, não sabe bem o que está fazendo. Só pode estudar e prestar muita atenção ao que está

O VALOR DAS VIRTUDES **141**

acontecendo ao redor na nova startup. Veja em que você e seu cofundador ou time estão gastando mais energia. Observe e reflita. Então, pegue essas observações e reflexões e crie virtudes em torno delas.

No nosso caso, Thomas e eu nos inspiramos em todas as dores de cabeça que sofremos tentando construir um negócio durante os dois anos em que fomos só nós. Depois, condensamos tudo isso em algo que parecia importante e verdadeiro segundo nossa experiência.

Virtudes podem ser tão significativas ou insignificantes quanto você decidir que são.

Torne suas virtudes significativas e autênticas para você.

São suas virtudes que vão guiar você e sua equipe nos primeiros anos de sua empresa. Mas, em determinado momento – para nós, foi depois dos cem primeiros funcionários –, você precisará fazer uma espécie de reajuste, em que se pergunta: como operacionalizar agora essas virtudes em escala?

Renata Lorenz, que cuidava do nosso RH, sugeriu que dividíssemos nossos times em pequenos grupos e perguntássemos: "Se você estivesse começando uma empresa em Marte, quem levaria e por quê?". A frase era essencial: em vez de pedir descrições das virtudes de que a equipe gostava, tentávamos chegar a características comportamentais específicas admiradas por ela em pessoas-chave.

Fizemos assim porque muita gente tem dificuldade de pensar do zero em um conjunto de virtudes; são melhores em descrever ações da vida real testemunhadas por si mesmas.

Para nós, fundadores, era muito inspirador ouvir sobre os comportamentos valorizados pelas pessoas em nossa empresa (servir aos outros etc.). As respostas que emergiram talvez não fossem radicalmente diferentes do que estabelecemos sozinhos no início, mas criaram *muito* mais clareza.

A partir dali, colocamos os comportamentos em recipientes e basicamente os filtramos para transformá-los em *virtudes*. Era uma forma sistêmica de integrar nossas virtudes em meio a um time muito maior. Em vez de só uma lista aleatória, agora tínhamos uma versão cristalizada e simplificada que podíamos condensar em subcomponentes ainda mais enxutos. Era tudo parte do processo de operacionalizar nossas virtudes.

O exercício de Marte que acabo de descrever também foi crucial para ajudar a construir uma conexão mais profunda entre nosso time, porque essas virtudes eram criadas de baixo para cima pelos próprios membros da equipe.

Mas isso não significava que podíamos descansar com nossos louros e esperar que as virtudes se propagassem automaticamente. Sabíamos que tínhamos de comunicar esses princípios internamente, de modo constante, dia após dia, para inseri-los em toda a organização. Fizemos isso com *histórias*, dezenas delas, contadas inúmeras vezes, para destacar comportamentos.

DESAFIOS EM COMUNICAR SUAS VIRTUDES

Obviamente, como fundador(a), é preciso ter clareza sobre o que se está tentando construir e por quê. Com o Viva Real, esse senso de propósito estava claro para nós desde os primeiros dias da empresa e era bem comunicado como parte do nosso processo de integração quando contratávamos alguém. Também o tornamos um elemento-chave de nossas entrevistas com potenciais contratações.

O VALOR DAS VIRTUDES **143**

Contudo, um dos desafios, em especial para uma empresa financiada por venture capital, é manter essa atenção à comunicação saudável ao escalar o negócio.

Quando ainda se tem determinado tamanho – digamos, de cinquenta a sessenta pessoas –, é fácil como fundador(a) conhecer todos na empresa. Todavia, quando passa disso, às vezes você começa a não saber exatamente quem faz o que ou até o nome de todo mundo. (No próximo capítulo, vamos falar sobre tamanho de equipe para startups em fase inicial e por que você deve manter o time inicial pequeno até construir um produto e receber feedback e validação do mercado.) Se não tivéssemos criado uma base forte para operacionalizar nossas virtudes e comunicá-las em escala, teria sido um completo desastre quando entramos em modo de hipercrescimento e de repente nos vimos – no período de um ano – pulando de cinquenta para 250 pessoas. Estávamos contratando vinte novos funcionários por mês.

Da forma como as coisas estavam, sofremos bastante nessa época. Sim, tínhamos investido em nos preparar para escalar nossa cultura e, portanto, dispúnhamos de alguns mecanismos para lidar com isso. Mas, em retrospecto, podíamos ter feito bem mais e estado mais bem equipados.

Quando alguém lê um documento detalhando os valores principais de uma empresa, pode reter boa parte deles. Mas não há nada como ver exemplos desses valores personificados na vida real e reconhecidos publicamente. As pessoas *realmente* se lembram desses momentos. Mas também é preciso prestar atenção a como se estruturam as comunicações. Se você quiser mesmo tirar vantagem da oportunidade e usar a ocasião para reforçar aquilo em que acredita como empresa – para que penetre fundo no âmago de sua organização –, sua apresentação e mensagem são essenciais.

Em nosso caso, sempre que aproveitávamos a oportunidade de defender alguma virtude, nos certificávamos de "empacotar" aquilo, para ter o máximo impacto – escolhendo o lugar e o horário certos, além das palavras certas.

É assim que se operacionaliza e escala sua cultura.

TORNE SUAS VIRTUDES SIGNIFICATIVAS E AUTÊNTICAS PARA VOCÊ.

CAPÍTULO 5
MONTANDO A EQUIPE E TOMANDO DECISÕES NA FASE INICIAL

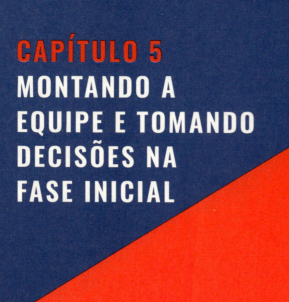

Na fase inicial do Viva Real, um cara veio falar conosco sobre contratá-lo. Ele trabalhara para nosso concorrente (na época, essa outra empresa era o Golias de nosso Davi, a empresa bem-sucedida contra a qual tentávamos lutar) e, para nosso choque, deixou implícito que, se o contratássemos, ele nos traria a carteira de clientes da outra empresa. Isso é totalmente ilegal, então, veja só, não foi de fato uma decisão difícil de nossa parte (embora provavelmente ninguém nunca fosse descobrir). Mas menciono isso porque, quando você está lutando na fase inicial de construção de seu negócio, a tentação de pegar atalhos e alavancar sua aceleração é real – em particular quando não há financiamento e você está apenas tentando sobreviver.

Felizmente, no caso desse homem específico, não ficamos tentados. Não só porque o que ele propusera era ilegal, mas também porque mostrava o caráter dele (ou a falta). Se o tivéssemos contratado e ele levasse a informação, poderia ter resultado em uma explosão rápida de clientes, porém a cultura da empresa ficaria danificada para sempre. Em algum momento, claramente ele nos trataria da mesma forma como tratara o ex-empregador.

Para ser honesto, *houve* momentos em que contratamos pessoas não muito confiáveis. Não tanto eticamente – e, com certeza, não a ponto de fazerem qualquer coisa ilegal –, mas pessoas que talvez fossem muito boas no trabalho, mas, no fundo, sabíamos que não se encaixavam em termos de nossas virtudes.

No início, talvez tenhamos sido um pouco lenientes quanto à importância de *contratar pelas virtudes*. Era compreensível: nessa fase, todo negócio precisa de pessoas capazes de trabalhar sem parar e resolver as coisas. Mas o problema com essa linha de raciocínio, claro, é que as contratações iniciais, em algum momento, acabam contratando outras pessoas!

Se você traz pessoas com o conjunto de virtudes errado, está criando uma base ruim para o futuro.

No caso do cara que se ofereceu para nos trazer informações do concorrente, de novo, estava bem claro que alguém assim seria um vírus na empresa, poluindo-a com o DNA errado. Mas as circunstâncias nem sempre são tão claras. Nos primeiros dias da construção de um negócio, os fundadores, muitas vezes, se confrontam com decisões bastante duras. Têm de pesar muitos fatores diferentes, e, frequentemente, não há respostas nem soluções ótimas, apenas "menos ruins".

Por mais que eu desejasse poder dizer que nunca tomei uma decisão que comprometesse o tipo de empresa que estava tentando construir, nem sempre é fácil fazer a coisa certa – sobretudo quando se está ficando sem dinheiro, tentando descobrir como honrar a folha de pagamentos, e assim por diante.

Meu conselho aos fundadores: se você realmente precisa que certo trabalho seja feito para as coisas seguirem em frente e sua única escolha é contratar alguém cujo encaixe na cultura é questionável (talvez seja a única pessoa que você conhece capaz de realizar a tarefa), contrate-o como *freelancer* para algo específico e, então, siga com o negócio. Não é ideal, mas, às vezes, é um meio-termo necessário. Permite que você siga adiante e, ao mesmo tempo, não causará impacto terrível em sua cultura a longo prazo.

Mas não tome essas decisões sem pensar. Aprenda com meus erros. Sei que, em minha próxima empresa, estarei implacavelmente focado em contratar pelas virtudes desde o início. Não farei nenhuma concessão.

As decisões que você toma nos primeiros dias como fundador ou fundadora de uma startup são muito importantes para definir o tom do futuro.

E onde isso é mais importante são nas contratações.

COMO PENSAR EM CONTRATAÇÃO EM STARTUPS NA FASE INICIAL

Primeiro, como saber quantas pessoas você deve tentar contratar no início de sua empresa? Qual é o tamanho de time certo?

Mesmo que tenha acesso a um capital significativo – e cobrirei a questão de levantar capital em profundidade mais adiante neste livro –, o tamanho de time inicial ideal é de seis a oito pessoas. Por que não mais? Quando está começando, você deve estar totalmente focado em uma coisa, que é encontrar o ajuste do produto ao mercado ou, em inglês, *product-market fit* (PMF). O PMF é o momento em que os clientes percebem tanto valor em seu produto que estão dispostos a pagar por ele e recomendá-lo. E as formas de avaliar um PMF são por meio de métricas como receita, taxas de renovação de contrato e Net Promoter Score (NPS).[7]

Chegar ao PMF é uma ciência e uma arte, mas acredito firmemente que um time maior torna isso mais difícil: gente demais na cozinha aumenta sobremaneira a complexidade e não contribui para chegar nesse marco-chave. Com qualquer time, é difícil unir todo mundo para remar na mesma direção. Quanto maior o time, mais esforço é necessário, e os fundadores, muitas vezes, subestimam o custo disso.

É preciso um time pequeno e ágil para chegar ao PMF, um time central que vai à batalha com você. É difícil. Pode ser frustrante. E é quase garantido que, quando você finalmente lançar seu produto após meses de labuta, receberá feedbacks negativos que farão com que se sinta um lixo. Quanto menor o time, mais fácil é passar pelas iterações iniciais. Quero ser bastante enfático: é muito mais fácil manter o moral de um grupo pequeno, concentrando-o em torno do que é crucial para a missão.

O caos é uma certeza. Contudo, se você contratar direito, seu time principal unido poderá crescer perante os desafios.

Certas pessoas crescem resolvendo problemas difíceis. É delas que você precisa. No início do Viva Real, tínhamos muitos problemas complexos e o mantra em nossa empresa era "adaptar e superar". Eu dizia isso todo dia, o dia inteiro.

Mesmo assim, cometi muitos erros clássicos quando estávamos começando, como contratar um executivo importante

---

7   Métrica com metodologia específica para medir a satisfação de clientes. (N. E.)

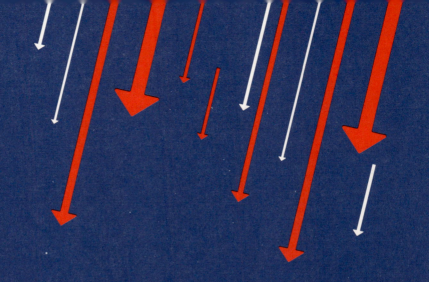

SE VOCÊ TRAZ PESSOAS COM O CONJUNTO DE VIRTUDES ERRADO, ESTÁ CRIANDO UMA BASE RUIM PARA O FUTURO.

152 A REAL SOBRE EMPREENDER

de uma empresa maior porque a experiência dele era impressionante. Não há necessidade disso quando você ainda está começando como empresa. Não é bom para você *nem* para eles. Também contratei um diretor de marketing de uma empresa bem estabelecida – e, no segundo ou terceiro dia, ele já estava me dizendo: "Brian, aqui está o gráfico organizacional que quero". Precisei esclarecer as coisas: "Cara, vão ser só você e mais uma pessoa; você precisa colocar a mão na massa e fazer sozinho". Claro, essa desconexão poderia e deveria ter sido identificada no processo de entrevista, mas, quando você não tem experiência em montar uma empresa, faz muitas suposições baseadas na experiência profissional prévia do candidato. Além disso, como está começando, muitas vezes, você não tem clareza do que precisa.

A fase inicial de construção de um negócio é apenas um monte de execução. Desenhar processos vem depois. Todavia, mesmo assim, você pode *se preparar* para construir esses processos tirando um tempo para tomar nota de tudo. Sempre que se vir falando a mesma coisa mais de uma ou duas vezes – dando o mesmo conselho ou direcionamento à equipe –, faça um favor a si mesmo e anote suas palavras. Você definitivamente não precisa pegar pesado com processos nessa fase, mas é um ótimo momento para começar a pensar sobre como pode otimizá-los.

Enquanto isso, você precisa encontrar pessoas capazes de trabalhar duro e executar. Minha regra de ouro na contratação é que trabalhar duro é *sempre* mais importante que um intelecto brilhante. Mas, no início, isso é especialmente verdadeiro, porque sem trabalho duro você não vai sobreviver até o dia seguinte.

Um de meus primeiros funcionários gostava de tirar um tempo para ler o jornal de manhã no escritório. Não durou muito. A imagem dele folheando calmamente o jornal mandava a mensagem errada para todo mundo. Outro funcionário inicial ia embora às cinco da tarde todos os dias, sem exceção, como um trem alemão saindo da estação. Veja, não há nada errado em ler um jornal ou querer voltar para casa e ver a família, mas a rigidez de regras como essas no dia a dia e esses comportamentos passaram a simbolizar falta de desejo de trabalhar duro no contexto de uma startup, que se move tão rápido e exige tanta dedicação dos primeiros colaboradores. Não estou promovendo uma mentalidade escravocrata na empresa, mas *leia o jornal em casa*. Além disso, sempre achei estranho, porque nossa empresa estava tentando acabar com o jornal impresso (então, a mensagem ficava ainda pior!).

Trabalho duro e urgência são muito importantes nos primeiros dias de uma empresa, em que você precisa de energia em alta e veloz para lutar.

Trabalho duro é a exigência número um na fase inicial de uma empresa.

O que mais você deve buscar?

O QUE BUSCAR NAS PRIMEIRAS CONTRATAÇÕES

Como você vai saber do que precisa, especialmente no que diz respeito a contratar pessoas para cargos que nunca ocupou ou desempenhou? Como pode saber o que quer se você nunca fez aquilo antes? Como contratar um engenheiro de software bom, por exemplo, se você não for engenheiro(a)?

154   A REAL SOBRE EMPREENDER

Não é fácil, mas a resposta é que você precisa de orientação externa de pessoas respeitadas na área, em particular no que diz respeito a posições técnicas. Com sorte, vai ter pessoas em sua rede que atendam a esse critério. Contudo, se não tiver, pelo menos pode dar ao candidato um projeto rápido como teste. Peça a ele que crie um protótipo de determinada funcionalidade e dê apenas um dia para a tarefa. Embora você não seja engenheiro(a), vai conseguir saber muito pela velocidade e qualidade com que a pessoa aborda o projeto.

Isto dito, se for possível, você deve procurar consultoria externa. As consequências de uma má contratação são graves demais, e a ignorância não é desculpa. Se você não sabe o que quer, não vai saber se achou a pessoa certa. É preciso ter clareza sobre quais pontos fortes está buscando em alguém, além de que tipo de fraquezas aceita. A realidade é que, provavelmente, você não vai encontrar (nem ter os recursos para contratar) a *pessoa perfeita*, em especial no início. Então, precisa definir o que é aceitável para você em termos de lacunas de habilidade.

Por exemplo, se está contratando alguém para liderar o time de engenharia, é mais importante que a pessoa tenha habilidades técnicas muito fortes ou habilidade de gestão de pessoas? Se for o último e você estiver querendo que ela ajude a escalar o time, talvez não tenha problema não ter o conhecimento tecnológico de vanguarda, estar alguns anos atrás da curva. Talvez o que seja mais importante é a pessoa estar trabalhando na área há muito tempo e ter experiência em administrar equipes de engenharia – nesse caso, você provavelmente estará disposto(a) a tolerar a falta de conhecimento técnico atual (e, em vez disso, trazer mais alguém para ajudar com isso).

MONTANDO A EQUIPE E TOMANDO DECISÕES NA FASE INICIAL **155**

De novo, clareza é tudo na contratação, e a melhor forma de ganhar clareza sobre o que você quer se *não* for perito(a) é conversar com quem é. Mas fundadores, às vezes, são inseguros com isso e acham que têm compreensão de especialista, quando, na realidade, não têm.

Se você não conhece bem aquilo para que necessita contratar, precisa aceitar e lidar com isso – ou vai cometer um erro que pode custar muito lá na frente.

Claro, você pode aprender muito com entrevistas, mas esse não é um bom mecanismo para se educar. Se você estiver usando o processo de entrevista como fonte principal de informação, vai acabar confiando demais naquela única peça do quebra-cabeças da contratação. Vai tomar decisões ruins com base em sentimentos vagos: quem *lhe parece bom* no contexto de uma entrevista. Você pode até ficar suscetível ao viés, a contratar com base na aparência de alguém ou em como a pessoa fala. Cometi esse erro no início e confesso que tendia a preferir candidatos que falavam inglês melhor. Mas a verdade é que essa habilidade linguística nem era tão importante na maioria dos cargos. Então, por que eu a valorizava tanto?

Outra área para a qual vale a pena chamar atenção é a confiança. Homens, em geral, são confiantes demais em entrevistas em comparação às mulheres. As capacidades podem estar no mesmo nível, mas os homens tendem a *achar* que são mais capazes do que realmente são, vi muito isso no processo de contratação. Em nossos primeiros dias, eu, na realidade, nem fiz muitas entrevistas pessoalmente, porque ainda não falava português muito bem. Meu cofundador, Diego, foi extremamente útil no que dizia respeito a entrevistas – e a montar equipes em geral.

156 A REAL SOBRE EMPREENDER

Contudo, como não tínhamos escritório naquela época, ele fazia as entrevistas no Starbucks local. Isso nos deixava um pouco envergonhados. Em retrospecto, ter de fazer entrevistas no café era ótimo, porque mostrava a potenciais contratados *quem realmente éramos* – e filtrávamos qualquer um que não tivesse inclinação filosófica e de temperamento para trabalhar para uma startup aguerrida como a nossa.

Diego entrevistou nossa primeira contratada, Vanessa, naquele Starbucks. Na época, ela trabalhava no Mercado Livre. Então, o fato de não ficar desanimada com as instalações humildes (ou a total falta de "instalações") nos mostrou que acreditava na causa e definitivamente era a pessoa certa para o cargo. Embora ela já tivesse um emprego estável, estava mais animada com o que estávamos fazendo – e pronta para entrar naquilo.

De novo, de nossa parte, ajudou não estarmos fingindo ser algo que não éramos – nem dourar a pílula sobre como seria difícil. Aliás, encorajo os fundadores a definir nessas primeiras entrevistas a expectativa de que será uma jornada difícil. Eu sempre dizia: "Vai ser o trabalho mais difícil que você já teve". Podia ser um leve exagero, mas melhor abrir assim que dizer aos candidatos: "Ah, vai ser muito divertido, você vai amar", e aí, no primeiro sinal de dificuldade, a pessoa perceber que não era aquilo que aceitara.

Você quer assustar um pouco as pessoas. Está bem, não *assustar*, mas criar uma expectativa de que o trabalho vai ser desafiador e bem diferente do que elas estão acostumadas. Pessoas inteligentes tendem a gostar de desafios, então com esse posicionamento, você atrai as pessoas certas.

O fato de Vanessa receber esse desafio de braços abertos dizia muito sobre ela. Além disso, provavelmente, se comunicava com

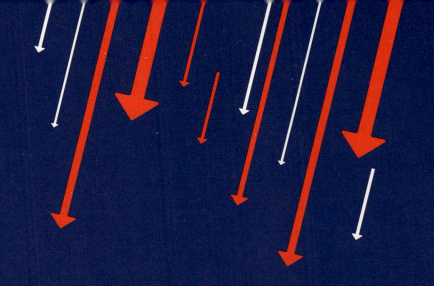

SE VOCÊ NÃO CONHECE BEM AQUILO PARA QUE NECESSITA CONTRATAR, PRECISA ACEITAR E LIDAR COM ISSO – OU VAI COMETER UM ERRO QUE PODE CUSTAR MUITO LÁ NA FRENTE.

minha energia de cofundador e de Diego naquela fase inicial. O que quero dizer com "energia de cofundador"? É algo real, um superpoder. Como cofundador(a), você é tão apaixonado(a) pelo que faz que sua animação contagia todos ao redor. Também é por isso que as pessoas se atraem tanto por projetos impulsionados por propósito.

Com Vanessa e os outros, percebemos que a seleção natural tendia a atrair o perfil certo das pessoas que contratávamos, e, portanto, a usamos. Em vez de tentar esconder todos os aspectos do negócio que podiam ser percebidos como desvantagens, abríamos o jogo. Éramos completamente transparentes ao dizer que: essa coisa em que estamos trabalhando ainda não tem muita forma; não temos um escritório nem mesa de reuniões; e as novas contratações teriam que fazer o próprio café.

A beleza de colocar assim todas as nossas cartas desagradáveis na mesa era que tinha o efeito de selecionar homens e mulheres com o DNA certo, que estavam animados com o desafio de construir algo do nada.

Você basicamente consegue ver se alguém que está considerando contratar está ali por inteiro, pronto para pular nas trincheiras com você, ou se está hesitante. Mas isso não quer dizer que você não vai ter que, às vezes, fazer uma venda agressiva ao tentar recrutar alguém. Para ser claro, você nunca deve ser indiferente. *Deve* dizer à pessoa quanto a quer. Não trate a contratação dos primeiros executivos como se fossem encontros amorosos. Não enrole ("Ei, estamos meio interessados."). Seja direto. Seja agressivo.

Sei que, sempre que tentava recrutar alguém, fazia tudo o que fosse necessário: encontrava-me com cônjuges e pais; levava os candidatos para jantar; saía para corridas e passeios de bicicleta com eles; até cozinhava para eles (e cozinho muito mal). Você precisa ir um pouco além para proclamar seu amor.

No entanto, isso não significa dourar a pílula de como vai ser difícil ou de como realmente é a vida em uma startup. Se a pessoa, na entrevista, faz perguntas sobre bonificação, é sinal vermelho de que ela não é um bom encaixe – não está disposta a correr o risco inerente envolvido. Ou apenas não tem experiência nem ideia de como funciona uma startup, e é por isso que está fazendo todas as perguntas bobas que aprendeu a vida toda em uma entrevista. Em qualquer um dos casos, eu educadamente explicava que a física de uma startup em construção é diferente – a empresa, provavelmente, nem está ganhando dinheiro a essa altura – e via como a pessoa reagia.

<u>Não é possível ter bonificação em uma empresa em construção – em especial se sua empresa está perdendo dinheiro.</u>

Entrevistar e contratar na fase inicial de um negócio pode, definitivamente, abrir seus olhos. A construção de equipe, no início, costuma ser uma enorme experiência de aprendizado. Foi para mim.

Mas que não haja confusão: essas estão longe de ser as únicas decisões desafiadoras e importantes que você terá de tomar no início.

Se sua jornada for igual à minha, você também poderá precisar tomar decisões que resultam em demissões dolorosas.

TOMADA DE DECISÃO NA FASE INICIAL

Como agora os leitores sabem, inicialmente estávamos sediados na Colômbia. Tínhamos mercados ali, no México e no Brasil

160 A REAL SOBRE EMPREENDER

– mas todos os negócios aconteciam de nossa sede (se é que dá para chamar assim) na Colômbia. Depois, percebemos que o mercado no Brasil era muito maior e mais repleto de oportunidades que os outros. Aliás, havia mais clientes potenciais só no estado do Rio de Janeiro que em toda a Colômbia.

No que dizia respeito ao PMF, nosso problema era um pouco diferente: embora tivéssemos *encaixe de produto* e víssemos que estávamos gerando valor com nosso negócio na Colômbia, sabíamos que estávamos no *mercado* errado.

Então, decidimos que seria TNB: Tudo no Brasil.

Era a decisão certa, mas significava que precisávamos demitir um monte de gente do escritório na Colômbia. Tínhamos vinte funcionários lá e fizemos a alguns deles propostas para se mudar para o Brasil. Quatro aceitaram. Lembro-me de ficar muito preocupado com o que ia acontecer com os outros. Era a decisão certa: se não tivéssemos feito a mudança, a empresa provavelmente teria falido. Mas isso não fazia aquilo ser menos sofrido para as pessoas que tínhamos que demitir.

Nunca teria imaginado o que aconteceu depois: meus medos sobre o destino dos antigos membros de equipe acabaram sendo totalmente infundados. Carlos acabou sendo gerente de SMBs (sigla para negócios de pequeno a médio porte) para o Facebook em São Paulo. Outro conseguiu um ótimo emprego no governo, ganhando muito mais dinheiro que comigo. Uma foi para o Mercado Livre. Em resumo, todo mundo ficou bem. Melhor que bem.

O que eu não percebera direito foi que o ambiente que construíramos havia acelerado o crescimento de *todos* nós. Quando se trabalha em uma startup, você progride bem mais rápido, porque recebe bem mais responsabilidade.

Além disso, como os ecossistemas emergentes de tecnologia em lugares como a Colômbia estavam crescendo com muita velocidade, ter trabalhado em uma empresa de tecnologia como a nossa era uma bela vantagem no mercado de trabalho. Quanto aos nossos ex-funcionários, felizmente, a percepção de valor pessoal deles, seus ativos individuais como profissionais, tinha disparado, como resultado de ter trabalhado nesse ambiente.

Construir um negócio do zero é uma forma incrível de acelerar o crescimento pessoal e profissional – não só para o(a) fundador(a), mas para o time todo. Ter que fazer uma mudança tão grande e tão cedo em nosso negócio – em termos de foco geográfico, mas também com as demissões – foi uma lição incrivelmente valiosa, relevante para qualquer um que esteja começando o processo de construir sua empresa. O que aprendi, acima de tudo, foi: não se dê ao trabalho de fazer um belo plano de negócios. Não precisa. Vai ficar velho assim que a tinta secar. Todas as estratégias que você fez por tanto tempo, todas as técnicas bem pensadas, podem sair pela janela em um instante, quando uma nova oportunidade ou direção melhor ficar aparente. Isso é bom. Mas quer dizer que você precisa estar pronto(a) para mudar o caminho a qualquer momento.

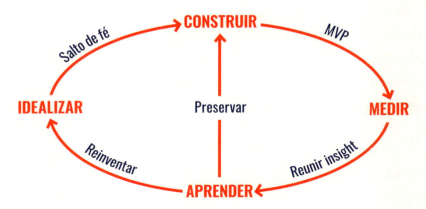

162 A REAL SOBRE EMPREENDER

Em nosso caso, vimos a oportunidade no Brasil, então pegamos nosso negócio e nos mudamos. Foi preciso coragem e significou sacrificar muito do que tínhamos construído até então – mas era a decisão certa.

No que diz respeito à tomada de decisão na fase inicial, o negócio é avaliar o nível de risco e encontrar o ponto ideal. Você não quer pular às cegas de um abismo, mas, às vezes, quer sacrificar o conforto e a estabilidade no curto prazo, como fizemos ao mudar nosso negócio para o Brasil, por uma oportunidade melhor e mais duradoura.

Tomar grandes decisões como essa para sua empresa é muito importante, mas é exatamente o que nos ensinam a *não* fazer quase todas as empresas. Você precisa se lembrar sempre de que startups são diferentes. Enquanto empresas grandes e estabelecidas estão tentando preservar a receita existente, startups estão famintas em busca dessa receita. E a forma de fazer isso é tomar decisões ousadas que mudam tudo.

Aliás, muitas startups bem-sucedidas tiveram ao menos uma grande reinvenção ao longo de sua história. O YouTube, por exemplo, começou como site de encontros; o Groupon, como site para ação coletiva.

Em quase todos os casos você verá que a decisão de "reinventar" foi baseada em avaliar o risco do mercado *versus* o risco de execução e, por fim, construir algo que as pessoas queriam. É o mesmo tipo de raciocínio envolvido em escolher uma ideia para começar. Muitas vezes, fundadores querem ter segurança e sentem-se tentados a simplesmente clonar produtos existentes. É um erro. "Por outro lado", diz James Currier, cinco vezes fundador, designer de produtos e investidor, "ideias de produtos 100% originais têm pouca

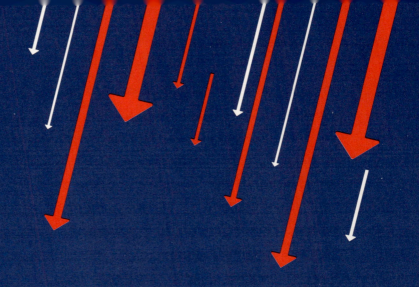

COMO COFUNDADOR(A), VOCÊ É TÃO APAIXONADO(A) PELO QUE FAZ QUE SUA ANIMAÇÃO CONTAGIA TODOS AO REDOR. TAMBÉM É POR ISSO QUE AS PESSOAS SE ATRAEM TANTO POR PROJETOS IMPULSIONADOS POR PROPÓSITO.

probabilidade de funcionar. O ponto ideal é o que chamo de 'nova energia'".[8]

Esteja você tentando achar o equilíbrio certo entre a originalidade da ideia de seu produto e o risco de mercado envolvido, ou entre ficar com seu plano de negócios *versus* mudar drasticamente o caminho, uma coisa é certa: sua jornada para chegar ao outro lado da questão com a qual está lidando vai ser turbulento – mas valerá a pena no fim, se fizer direito.

DORES CRESCENTES EM PROCESSOS NA FASE INICIAL

No fim, acredito que é bom ter dificuldades no início da construção de um negócio – por causa do que você aprende com a experiência. Vejo isso até hoje como investidor. Empresas cujo sucesso veio fácil desde o início não procuram as melhores respostas da mesma forma. Também jogam dinheiro nos problemas, porque têm muito. (A exceção, aqui, são empreendedores veteranos que já fizeram isso antes. Erros e experiência são os melhores professores.)

Tendo a ir mais para o pensamento de "startup enxuta", que vou descrever melhor nas páginas a seguir. Especialmente hoje, quando estou investindo em empresas, sou de novo atraído por aquelas que tiveram de se virar e trabalhar duro, porque acho que cria o DNA certo em um negócio. Mas, quando uma

---

8 CURRIER, J. You can't just go around cloning products. (Founders do it anyway to play it safe)... 9 jan. 2020. Twitter: JamesCurrier. Disponível em: https://twitter.com/JamesCurrier/status/1215303482229420033. Acesso em: 8 dez. 2020.

empresa simplesmente recebe muito dinheiro, não é forçada e desafiada da mesma maneira.

No entanto, também é fundamental para negócios na fase inicial não se permitir ficar limitados em escopo ou visão, porque não conseguem ver além das dificuldades imediatas. Sinceramente, acho que fui vítima dessa tendência em algumas das decisões que tomamos. Como não tínhamos muito dinheiro, não conseguíamos, de fato, ver nosso futuro da forma como fundadores devem ver – como uma série de progressos sequenciais a perseguir. Isso provavelmente nos levou a ter uma reação atrasada em relação à concorrência. Estávamos tão preocupados em superar os problemas à mão, no momento presente, que nos seguramos de certas formas.

Essa também é uma das razões por que empreendedores experientes, ao contrário de novatos, muitas vezes estão preparados para lidar com mais capital. Desenvolveram uma espécie de reconhecimento de padrão que permite que olhem para o futuro e vejam claramente tanto os problemas quanto as oportunidades. Mas muitos empreendedores de primeira viagem não têm essa habilidade – e receber muito dinheiro de investidores pode ser bem arriscado.

Quanto a como gerir financeiramente seu negócio na fase inicial, de novo tendo a ir para o lado do modelo de startup enxuta. Se quiser aprender mais sobre isso, há livros inteiros, vídeos do YouTube e podcasts. Mas, basicamente, é uma metodologia que permite que você fracasse e aprenda com rapidez, em vez de desperdiçar um monte de dinheiro. Nunca se sabe quando capital e acesso a financiamento vão secar. Essas coisas acontecem em ciclos, e sempre há acontecimentos inesperados, como vimos com a pandemia de covid-19 em

A REAL SOBRE EMPREENDER

2020. Quando o dinheiro está fluindo, o risco é acabar pensando que você pode ir mais rápido na construção de seu negócio do que realmente pode.

O modelo de startup enxuta vai ajudar a evitar essa armadilha. Conforme você passa pelos processos iniciais de construir um MVP, encontrar PMF e validar seu negócio, essa abordagem vai otimizar seus esforços e ajudar a minimizar o tempo que desperdiça com aquilo que está construindo. A forma como isso funciona é que se faz uma série de *microexperimentos* que lhe permite validar ideias rapidamente, reunindo dados e conversando com clientes.

Quando você está começando com capital próprio, como nós, acaba sendo mais engenhoso. Coloca objetivos e hipóteses para seus experimentos, depois planeja e prepara as ferramentas de que precisa para conduzi-los. Após executar o experimento, você escreve os números e resultados, depois os analisa e tira conclusões. Na realidade, é isso que você está fazendo *o dia inteiro* na fase inicial de sua startup. São as conclusões que tira dos dados que o empurram em novas direções e o inspiram a ter ações ousadas. Contudo, como veremos no capítulo a seguir, às vezes não tem a ver com decidir o que fazer, mas, sim, o que *não* fazer.

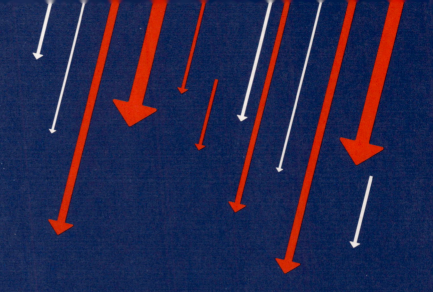

NO FIM, ACREDITO QUE É BOM TER DIFICULDADES NO INÍCIO DA CONSTRUÇÃO DE UM NEGÓCIO – POR CAUSA DO QUE VOCÊ APRENDE COM A EXPERIÊNCIA.

CAPÍTULO 6
DECIDINDO O QUE *NÃO* FAZER

Uma vez, perguntei a um fundador conhecido: "Qual foi a coisa mais importante que você fez ao escalar seu negócio?". Queria saber a opinião dele sobre o melhor e maior conselho. O que ele disse me surpreendeu. Ele falou que eu deveria escrever tudo o que não ia fazer no meu negócio. Depois, eu deveria guardar aquela lista em uma gaveta trancada como forma simbólica de dizer "estou fechando esta porta, estou bloqueando essas avenidas".

Entendo aonde ele queria chegar com aquilo. Como disse notoriamente Steve Jobs, decidir o que *não* fazer – sobretudo quando você supera os dias iniciais difíceis de sua empresa e passa para a fase de crescimento – é tão importante quanto decidir o que fazer.

Toda empresa bem-sucedida tem sua galinha dos ovos de ouro. Se sua atenção estiver espalhada em centenas de direções diferentes, você pode não ver a sua. Empreendedores amam ir atrás das luzes claras e brilhantes. Mas, para ter sucesso e realmente ganhar a tração de que precisa, você *tem*

170 A REAL SOBRE EMPREENDER

que cortar as distrações e detalhar o que é essencial. Bill Gates diz que você deve focar 80% da atenção em 80% da receita. É por isso que fundadores têm que olhar, de fato, com atenção para os números, para encontrar a parte mais importante de seu negócio. Se você estragar isso, se tentar lidar com várias ideias ou iniciativas diferentes – enquanto provavelmente não faz *nenhuma* delas tão bem quanto poderia –, talvez você e seu negócio não sobrevivam.

Definitivamente aprendi a importância de decidir o que *não* fazer quando resolvemos sair daqueles outros países e focar apenas o mercado brasileiro.

No entanto, mesmo antes disso, aprendemos uma lição parecida quando passamos a reconhecer o valor na *simplicidade* de nosso produto em contraste com nossos concorrentes, que estavam usando uma precificação escalonada muito complexa. Foi nosso investidor Simon Baker que me ajudou a ver a luz. Até aquele ponto, estávamos tentando conseguir uma vantagem construindo um modelo mais barato que o dos concorrentes. A competição oferecia pacotes de listagens de vinte, cinquenta, cem, quinhentas ou mil propriedades, e havia um sistema de precificação escalonado baseado na opção escolhida. Esse modelo era o que existia no mercado, e éramos iguais, apenas oferecendo preços mais baixos. Não é uma estratégia muito vencedora.

Após seis meses tentando competir com base no preço, tive uma conversa com Simon que mudou tudo. "Baunilha, baunilha, baunilha", ele disse. O que diabos significava isso? Ele nos aconselhou a simplificar radicalmente nosso modelo, para termos só um produto. Com essa nova abordagem, as empresas imobiliárias listavam *todas* as propriedades e havia apenas um preço. Não teria mais necessidade de escolher o número de imóveis e o preço. Tirava toda a complexidade dos processos de vendas.

Agora, não havia baunilha ou chocolate ou morango. Era só baunilha.

Depois de fazer essa mudança, quase imediatamente vimos um aumento no volume de vendas por vendedor. Com um único produto para vender, nossos funcionários poderiam agora ser muito mais eficientes. Enquanto isso, os consumidores – as pessoas que procuravam um apartamento – tinham uma experiência melhor, porque havia mais registros, o que, por sua vez, trazia mais valor ao *marketplace*.

Foi o que chamamos "círculo virtuoso".

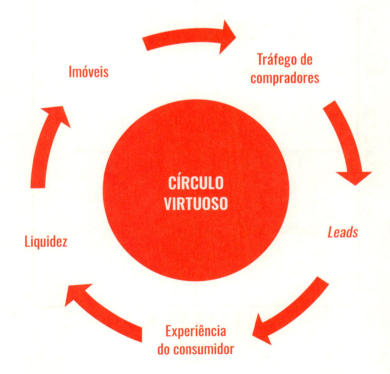

Tão simples e tão eficaz.

MENOS É MAIS

Quando se está simplificando ou decidindo o que não fazer, de fato o mais importante é calibrar esforço *versus* impacto.

Como você pode ver no gráfico a seguir, o ponto ideal – em termos de direção, a qualquer momento, no negócio – está no cruzamento entre alto impacto e baixo esforço. Atividades que caem nesse quadrante do gráfico são aquelas que você quer priorizar. Claramente, o oposto também é verdade: você deve ficar longe de atividades com baixo impacto que exigem alto esforço. Estará apenas nadando contra a maré, em troca de pouco retorno.

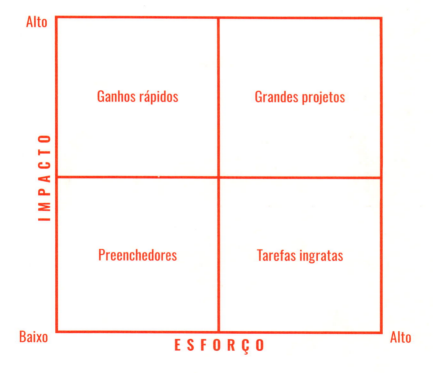

Já é quase um clichê, mas você sempre quer estar *obcecado* com as atividades que vão gerar o maior impacto – e, por outro

EMPREENDEDORES AMAM IR ATRÁS DAS LUZES CLARAS E BRILHANTES. MAS, PARA TER SUCESSO E REALMENTE GANHAR A TRAÇÃO DE QUE PRECISA, VOCÊ TEM QUE CORTAR AS DISTRAÇÕES E DETALHAR O QUE É ESSENCIAL.

lado, quer minimizar o desperdício, ou seja, a quantidade de tempo, energia, recursos que põe em atividades de baixo impacto.

Mas também é essencial reconhecer o valor em atividades que são, por exemplo, de alto impacto e alto esforço, nas quais o impacto é tão profundo que vale a pena fazer todo aquele esforço. Aliás, frequentemente é aí que estão as maiores oportunidades, já que muitas empresas não querem fazer o trabalho difícil e, em vez disso, ficam com os frutos mais fáceis de pegar. Como diz meu amigo e cofundador na Latitud, Yuri Danilchenko: "Se você quer fazer um Tesla, é melhor arregaçar as mangas para trabalhar duro".

Para deixar claro, isso não quer dizer que você precisa fazer algo que ninguém nunca fez. Parafraseando Alex Atala, um dos melhores *chefs* do mundo: o segredo não é preparar um prato que ninguém nunca fez, mas pegar um prato conhecido e fazer melhor. É um bom lembrete de que fundadores não precisam ficar tão obcecados com inovação. Ao contrário do mundo acadêmico, em que você precisa inventar algo novo ou seu artigo não será publicado, nas startups você só precisa fazer o produto funcionar – *ou* inventando algo novo, *ou* melhorando algo que já existe.

Muitos mercados – incluindo o brasileiro – ainda estão mal servidos, mas não por falta de ideias inovadoras. É porque as empresas existentes não cumprem suas promessas, não têm de fato uma mentalidade centrada no consumidor ou estão sem alguma parte essencial do produto completo de que o cliente precisa para sanar sua dor.

Então, *preste atenção* a atividades de alto impacto e alto esforço quando for preciso, mas *não* fique obcecado em construir algo totalmente novo.

DECIDINDO O QUE *NÃO* FAZER **175**

Certifique-se, ainda, de não ignorar as atividades de baixo esforço e baixo impacto. Por que *não* atacar os frutos mais fáceis de pegar se eles estiverem logo ali, à mão?

Só não deixe que isso o distraia da área principal de concentração. Isso é realmente o mais importante. Há uma tendência entre fundadores e empreendedores de se dispersar demais – aí, acabam se perguntando por que não conquistaram os resultados que estavam buscando! Foi porque cometeram o erro de atrapalhar a si mesmos.

Quem dera entendessem e aceitassem a simples verdade de que, às vezes, menos é mais.

Há muitas coisas diferentes que você pode fazer, mas, quando encontrar algo realmente significativo, que gera muito impacto, deve focar nisso e ficar obcecado.

No mundo das startups, há um mal-entendido comum de que, quando você tem mais recursos, pode e deve fazer mais. As empresas saem contratando, trazem um monte de gente para atacar problemas em todas as direções. A verdade é que não há equação que diga que, se você dobrar o tamanho de sua equipe, isso vai dobrar a produção.

Não importa quanto dinheiro você tenha, sempre deve pensar com cuidado sobre como desenhar suas equipes e focar sua energia naquilo que realmente importa: construir uma empresa lucrativa que cresça e impacte o cliente.

Não há um conselho genérico aqui. Tem tudo a ver com identificar a área ou áreas de *seu* negócio que vão gerar mais valor – não importa qual seja o nível de recursos.

Quando você está cheio de dinheiro, de novo, é fácil cair na armadilha de acreditar que pode fazer tudo. Acaba desperdiçando tempo em bobagens. Tenho certeza de que ainda fazíamos coisas que não eram importantes (como exagerar no design de nosso logo, que não fez muita diferença para a experiência do cliente), mas, em geral, ter que basicamente começar nosso negócio com capital próprio tornou mais fácil priorizar. Não tínhamos escolha.

Embora tivéssemos prioridades de longo prazo, como arquitetura do site, atendimento ao cliente, parcerias, *benchmarking*, RP e, claro, vendas, no curto prazo, às vezes, outros itens ganhavam precedência. Por exemplo, houve um período em que decidimos colocar todos os grandes objetivos em pausa e ficar obcecados em *duas coisas, e apenas duas:* listagens (ou seja, imóveis) e tráfego (em especial, SEO, *Search Engine Optimization*). Adquirimos uma visão limitada intencional e nem falávamos de outra coisa.

Pode soar extremo, mas quando você conscientemente coloca esses antolhos e se concentra com determinação feroz em algo muito específico, uau, isso desencadeia muito valor.

Na mesma linha, como CEO, eu tinha uma iniciativa chamada Tema do Ano. Tivemos o Ano do Cliente, o Ano dos 5.000 Clientes, o Ano da Integração (quando nos fundimos com nosso competidor) e outros. Esse enquadramento nos ajudou a superar nossas dificuldades com planejamento trimestral e criar um foco extremo na equipe, o que é *muito* importante: afinal, você pode fazer um ótimo trabalho, como fundador(a), de identificar as atividades de alto impacto e as áreas do foco, mas isso não significa nada se não puder mobilizar seu time em torno dessas escolhas.

É claro, você não quer que o tema ou foco o cegue quando o negócio está evoluindo. E o Tema do Ano só vai funcionar se você já tiver bastante clareza sobre o negócio e o tiver acertado (mas não escalado). Precisa se manter flexível enquanto cresce: ainda obcecado pela ideia e por qualquer aspecto dela que gere o maior impacto, mas com a clareza para reinventar ou iterar se não estiver funcionando ou se as necessidades da empresa mudarem.

Eu era apenas razoável nisso. Não evoluí o negócio tanto quanto poderia. Em particular, fomos ineficazes, afinal, em nos adaptar a novas presenças no mercado que inovavam mais que nós. Na fase inicial de construir o Viva Real, éramos os disruptores. Os concorrentes – havia vários *players* existentes – eram lentos, entrincheirados em seus hábitos e incapazes de se adaptar às mudanças que trouxemos ao mercado. Criamos muito valor, mas aí cometemos alguns dos mesmos erros. Por exemplo, deveríamos ter lançado nossa própria versão do QuintoAndar em parceria com nossos clientes. Eles não haviam começado como nossos concorrentes, mas, se eu tivesse mais humildade naquele ponto, teria percebido sua chegada. Deixamos a porta aberta para eles e também para a Loft, uma nova startup que hoje já levantou centenas de milhões de dólares.

Erramos bastante, mas também tivemos muitos acertos. E dou crédito ao Tema do Ano por nos ajudar a focar. Obviamente, não significava nos esquecermos de todo o restante nos próximos 365 dias. Mas nos dava um enquadramento muitíssimo útil para nos guiar e ajudar a entender qual era nosso propósito. No fim do ano, sempre refletíamos sobre o que havíamos acertado e errado.

ACERTE ANTES DE ESCALAR

Em retrospecto, o que fizemos muito bem conforme crescemos foi trazer para o time algumas pessoas muito fortes, verdadeiras estrelas operacionais. Elas entendiam totalmente a importância de *acertar antes de escalar* e, uma vez que acertamos, foram excelentes em escalar.

Enquanto na fase inicial estávamos meio tateando, buscando o PMF, agora a regra do jogo era ser tão cirúrgico e comedido quanto possível. Você itera, testa e vê o que funciona. Por um lado, tem seu processo ou sua oportunidade de negócio repetível. Por outro, tem seu time (as pessoas já existentes ou novas pessoas que você traz). "Acerte antes de escalar" quer dizer unir essas duas coisas: o time pega a oportunidade repetível e escala até o próximo nível, para você poder entregar, como nunca antes, seu plano de crescimento.

Era 2010 quando encontramos o PMF. Foi antes de todo o movimento startup enxuta. Queria ter lido *A startup enxuta*, de Eric Ries, antes de passarmos aqueles anos tropeçando e tentando descobrir exatamente quem éramos. Mas tínhamos a vantagem de ser inspirados por outras empresas similares ao redor do mundo. Ver o que elas haviam feito encurtava a curva de aprendizado e permitia evitar desperdiçar tempo demais em coisas que já tinham provado não funcionar.

Sair e falar com toda essa gente que fizera antes em outros mercados foi uma virada para mim e para nosso negócio. Isso nos ajudou a desenhar um mapa claro de como executar – e serve para mostrar como é importante ter investidores, mentores e conselheiros com quem se possa contar.

No capítulo a seguir, analisaremos o papel de conselhos e conselheiros.

AO CONTRÁRIO DO MUNDO ACADÊMICO, EM QUE VOCÊ PRECISA INVENTAR ALGO NOVO OU SEU ARTIGO NÃO SERÁ PUBLICADO, NAS STARTUPS VOCÊ SÓ PRECISA FAZER O PRODUTO FUNCIONAR – OU INVENTANDO ALGO NOVO, OU MELHORANDO ALGO QUE JÁ EXISTE.

CAPÍTULO 7
MEU CONSELHO SOBRE CONSELHEIROS E CONSELHOS

Quando Thomas e eu estávamos iniciando – e com dificuldade de levantar capital para decolar –, tivemos um momento de verdadeiro avanço ao encontrar Simon Baker, conselheiro incrível, com muita experiência em operação e execução de um negócio do mesmo tipo que o nosso na Austrália. Lá estava alguém que passara por aquilo e entendia, por completo, os desafios que iríamos enfrentar conforme nossa empresa crescia.

Não que eu seguisse cegamente tudo o que ele dizia, mas de fato ouvia e internalizava os pontos-chave. Muitas vezes, descobria que já sabia a resposta certa, porém ele confirmar meus instintos era tudo para mim.

Quero deixar isto muito claro: você não deve esperar (nem querer) que seus conselheiros *digam* como gerir seu negócio. Se um conselheiro está tomando várias decisões *por você*, há algo errado. Você não está no lugar certo. Um conselheiro, porém, pode e deve ouvi-lo e dar alguma perspectiva. Pode ter papel similar, de certa forma, ao de um terapeuta. De novo, na maior parte do tempo, no fundo, você vai saber a decisão certa – mas um conselheiro pode dar-lhe a confiança para agir.

Ajuda muito. No início como fundador(a), você está constantemente duvidando de si mesmo(a), perguntando-se se está no caminho certo. Ter um bom conselheiro para validar seu raciocínio é, por si só, um enorme acelerador. Em um mundo em que a velocidade é um superpoder, qualquer coisa que possa levá-lo mais rápido até onde você quer ir é uma imensa dádiva para o sucesso.

Simon definitivamente foi isso para nós. Lembro-me de uma vez, em particular, quando eu estava surtado com a ameaça de um concorrente, preso a um estado de analisar demais, e Simon estava lá para me acalmar. Esse concorrente acabara de fazer uma grande aquisição: uma empresa de software, a mesma que *usávamos* para nos fornecer dados. Meu medo era de que essa fonte de dados ficasse indisponível a nós.

Liguei para Simon e ele imediatamente me acalmou. Então, perguntou se podia voltar a dormir. Ele estava na Austrália, e eu ligara no meio da noite. Estava pensando demais. Ele explicou por que eu não precisava me preocupar e por que meus medos eram infundados. Garantiu-me que o concorrente não cortaria nosso acesso aos dados de que precisávamos – e tinha razão absoluta.

Os detalhes do incidente nem são importantes. O que importa é que ele me salvou de ficar paranoico com uma ameaça inexistente. É um ótimo exemplo de como um conselheiro pode protegê-lo de dores de cabeça desnecessárias – e colocar as grades de proteção cruciais para você não enlouquecer.

Também foi Simon quem nos ajudou a tomar a importante decisão de não expandir a empresa a outros países e, em vez

MEU CONSELHO SOBRE CONSELHEIROS E CONSELHOS 183

disso, fazer o exato oposto e focar só o Brasil. Na época, tínhamos outros investidores que pensavam diferente: defendiam uma abordagem regional, em que expandiríamos a empresa para ainda mais países.

Serei para sempre grato por termos ouvido Simon. Se tivéssemos seguido o caminho de focar muitos mercados diferentes, provavelmente teríamos sido o número três, nos arrastando bem atrás do líder de mercado aonde quer que fôssemos. Haveria pouquíssima oportunidade de criação de valor.

Você precisa ganhar um mercado. Se não for o número um, o valor cairá muito. E, se não for o número dois, esqueça. Em um setor como o nosso, em um mercado maduro, as margens para o líder de mercado devem ser em torno de 50% – contra 20% para o número dois. O número três praticamente não tem margem.

A estratégia TNB (Tudo no Brasil) a que chegamos parece agora muito óbvia. Não estou sugerindo que uma empresa nunca deve expandir regional ou internacionalmente, mas há uma enorme vantagem em ganhar o maior mercado primeiro. É uma questão de ampliar *versus* aprofundar. Escolhemos o último, e, quando você aprofunda, cria mais "fossos" entre você e os concorrentes. Sua receita está mais protegida porque você é o(a) líder do mercado.

Simplificando, é melhor ser o número um no maior mercado que o número dois ou três em vários mercados díspares. Aliás, muitas startups de alto crescimento na América Latina agora estão dividindo seus mercados em unidades ainda mais localizadas, ou seja, focando cidades, não países – aprofundando-se nas metrópoles individuais em vez de tentando cobrir muitos mercados amplos. Quanto a nós, a decisão de fazer

TNB foi algo em que fomos e voltamos por vários meses. No fim, decidimos que o valor do Brasil – e o custo de oportunidade de pensar em qualquer outro mercado que não o país – poderia arriscar nosso desejo de liderança clara, que sabíamos que, no fim, iria se traduzir em margens maiores.

Mas a decisão poderia ter dado certo ou errado. Tínhamos outros investidores sábios que discordavam da posição de Simon. Ele tinha uma perspectiva bem forte. Era ex-CEO do líder de mercado no mesmo negócio na Austrália. Também faz eventos que reúnem executivos C-Level para falar de tendências nesse espaço. Simon sabia que não havia nenhum classificados de imóveis on-line global que tivesse expandido com sucesso a outros países, e, no fim, foi a compreensão muito específica dele sobre o setor que venceu.

VOCÊ DEVE DAR PARTICIPAÇÃO ACIONÁRIA AOS CONSELHEIROS?

Quando se tem um conselheiro, costuma-se entender que você está dando ações de sua empresa, em geral na forma de ações ordinárias, em troca da participação dele. Costuma ser feito assim, mas acho que isso é um erro. É melhor que os conselheiros coloquem o próprio dinheiro. Pode ser uma soma relativamente pequena – dez, quinze, 25 mil dólares –, mas, simbolicamente, eles estarão arriscando a própria pele.

Para o bem ou para o mal, um conselheiro pensa diferente em seu papel quando colocou o próprio dinheiro, em vez de apenas receber participação acionária. Mesmo hoje, se alguém me convida para ser conselheiro e me oferece participação,

SIMPLIFICANDO, É MELHOR SER O NÚMERO UM NO MAIOR MERCADO QUE O NÚMERO DOIS OU TRÊS EM VÁRIOS MERCADOS DÍSPARES.

recuso. Tenho que fazer o que prego. E, quando ainda estava começando com o Viva Real, a maioria dos conselheiros que eu trouxe colocou dinheiro. Os poucos conselheiros iniciais que não estavam arriscando a própria pele raramente tomavam iniciativa. Não estou dizendo que não pode funcionar, mas acho que há um compromisso psicológico importante em tirar do próprio bolso, e isso cria uma sensação de estar na trincheira com o(a) fundador(a). Quando eles investem, você pode completar com participação acionária adicional como recompensa ao envolvimento.

Conselheiros devem ser investidores.

Quando você está tentando decolar, a primeira categoria de investidores, em geral, é conhecida carinhosamente como FFF, do inglês *Family, Friends, and Fools*, ou "Família, Amigos e Tolos". Foi assim comigo também, e não há nada errado com isso. Você deve se lembrar de que peguei dinheiro do meu pai e de um amigo próximo (nenhum dos dois é tolo, aliás!). Mas aí, depois disso, meu levantamento de capital casou com o processo de trazer investidores mais sofisticados. Eu não queria apenas dinheiro regular, queria *smart money*, ou seja, investidores experientes que podiam ajudar a me guiar e apoiar na direção de gerar enorme impacto.

Vale a pena mencionar que, no extremo oposto do espectro do *smart money*, há o que podemos chamar "dinheiro prejudicial". É quando alguém coloca dinheiro e pensa, erroneamente, que sabe o que é melhor e acaba o levando em uma direção horrível. Isso, em geral, vem na forma de um investidor que quer comprar uma participação significativa, às vezes majoritária, em uma startup – e costuma ser o beijo da morte para uma startup que quer ser financiada por venture capital. (Vamos falar mais sobre *cap table*, ou "tabela de capitalização", e termos de risco na Parte três.)

Felizmente, consegui passar longe disso. Ao contrário, trouxe uma série de indivíduos incríveis que acabariam compondo nosso valioso conselho.

COMO PENSAR EM DESENVOLVER SEU CONSELHO?

Vamos começar do começo: você precisa compreender a diferença entre conselho consultivo e conselho administrativo (membros do conselho). O conselho consultivo, em geral, é composto de especialistas no setor que atuam de maneira independente. Nem precisam se reunir de maneira formal, mas são acessíveis ao CEO.

No meu caso, pessoalmente, apoiei-me em: Micky Malka, Kevin Efrusy, Simon Baker, Pete Flint, Greg Waldorf e Shaun Di Gregorio, entre outros. Todos investiram no negócio e entraram com orientação geral e feedbacks. Mesmo que não nos reuníssemos todos na mesma sala, eu podia ligar para cada um deles e perguntar sobre situações específicas.

O conselho administrativo, por outro lado, é uma entidade relatora formal, responsável por contratar e demitir o CEO e apoiar a empresa.

Se você é uma empresa em fase inicial, não precisa de conselho administrativo formal. É um desperdício de tempo.

Para empresas em fase inicial que ainda não levantaram capital institucional, de fato não há motivo para ter um conselho. Os fundadores acabam usando isso como nada mais que um mecanismo de reporte – e não adianta se reportar ao conselho a cada mês, quando seu negócio ainda está na infância. Sobre o que vão falar? Você já tem coisa demais acontecendo quando está tentando fazer seu negócio decolar. Preparar uma apresentação sem sentido todo mês é desnecessário. Se você precisa relatar algo aos investidores, basta fazer isso de modo independente e informal.

No entanto, quando você enfim montar um conselho administrativo, envie todos os dados de antemão. Não use o tempo valioso da reunião para apresentar números. Se os investidores tiverem alguma pergunta sobre as informações enviadas, *aí* você pode falar sobre isso. Mas, se entrar em uma reunião do conselho e apresentar o cenário ali, sem eles saberem o que esperar, você estará perdendo tempo.

Se você acha que haverá discussões sensíveis, deve fazer ligações individuais aos membros do conselho antes da reunião, para alinhar tudo com antecedência. Senão, quando entrar na sala (presencial ou virtual), vai ser uma partida de pingue-pongue de pessoas defendendo suas opiniões.

Conselhos são um desperdício de tempo em empresas em fase inicial. Você só vai usá-lo como mecanismo de reporte, e os conselhos não são (ou não deveriam ser!) feitos apenas para isso.

Reuniões de conselho *vão* se tornar importantes. Não imponha um tom ruim no início. Você quer orientar o conselho a ser *produtivo* – e se o estiver usando apenas como sistema formal de reporte, vai estabelecer um precedente ruim.

A certo momento, você vai *precisar* de um conselho ótimo e altamente funcional. Vai aproveitar a experiência acumulada e a expertise desses conselheiros. Vai usá-los para ajudar a recrutar talentos e fazer apresentações. Eles também vão dar credibilidade ao negócio, em especial se já fizeram parte de um projeto muito bem-sucedido.

Então, como reunir o tipo de conselho que vai servi-lo melhor em todas essas áreas?

De tudo o que vi, os conselhos mais eficazes e produtivos são aqueles em que há conexão e confiança reais entre o fundador ou CEO e os conselheiros e membros do conselho diretor. Fora disso, o fator mais importante, em minha experiência, é ter nas duas entidades pessoas que *já construíram negócios*.

Às vezes isso não se aplica porque os conselheiros são investidores, não empreendedores – mas têm muita experiência em conselhos.

Resumindo: você quer pessoas que *sabem* como fazer isso, como tirar o melhor de conselhos e reuniões de conselho.

CONSELHOS EFICAZES E INEFICAZES

Já vi muitas reuniões em que os conselheiros ficam ao telefone o tempo inteiro, sem participar. Eles mal estão observando! Veja, em alguns casos, um membro do conselho é literalmente apenas um *observador do conselho* – tecnicamente é membro, mas não tem voto. Não é disso que estou falando aqui. Na realidade, estou me referindo a conselheiros que não levam suas responsabilidades a sério. Estão ocupados pensando nos próprios negócios e empresas e não prestando nenhuma atenção. É insano: por que colocar um monte de gente sentada ao redor de uma mesa sem fazer nada?

Mesmo que eles não estejam ao telefone, mesmo que sejam falantes, com muita frequência parece uma performance de pessoas tentando soar inteligentes, mas não adicionando de fato nenhum valor. Eu mesmo vi isso em vários conselhos, mas também ouvi de muitos outros empreendedores.

Conselhos de startups podem ser bastante valiosos ou basicamente inúteis. A boa notícia é que, como fundador ou fundadora, você pode ter papel enorme em tornar seu conselho um veículo importante de crescimento. Mas apenas se usá-lo da forma certa.

Quando eu estava começando, por exemplo, compreendia mal o propósito das reuniões de conselho, então passei os primeiros meses reforçando como nossa empresa era ótima. O que eu não percebia era que, dã, aquelas pessoas já tinham investido. Eu não precisava mais convencê-las. Estavam a bordo (mesmo!) e *queriam* que eu me saísse bem.

Você não precisa usar as reuniões de conselho para continuar vendendo a si mesmo ou provar seu valor – os investidores já são acionistas.

Não sou o único que cometeu o erro de usar reuniões de conselho para convencer novamente os investidores sobre o negócio. Isso é muito comum nas fases iniciais de empresas financiadas por venture capital (Série A). Essa abordagem pode fazer sentido *depois* de você levantar capital institucional. Mas, até lá, é um desperdício do tempo de todos ficar apenas falando de tudo que está indo bem.

Sim, você quer que todos fiquem animados com o negócio; não quer que percam a confiança. Mas, nesse caso, o que *deve* fazer nas reuniões de conselho é definir ou identificar as áreas de foco. Você deve falar sobre como diferentes aspectos

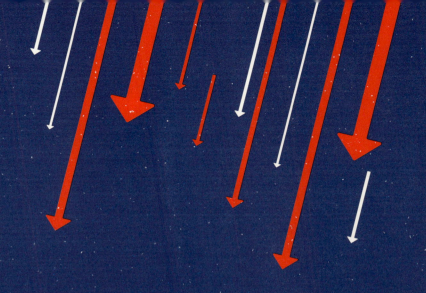

CONSELHOS DE STARTUPS PODEM SER BASTANTE VALIOSOS OU BASICAMENTE INÚTEIS. A BOA NOTÍCIA É QUE, COMO FUNDADOR OU FUNDADORA, VOCÊ PODE TER PAPEL ENORME EM **TORNAR SEU CONSELHO UM VEÍCULO IMPORTANTE DE CRESCIMENTO**. MAS APENAS SE USÁ-LO DA FORMA CERTA.

A REAL SOBRE EMPREENDER

do negócio estão indo. No início, eu usava um modelo verme-lho/amarelo/verde, em que pegava dez conceitos principais e dávamos notas. Obviamente, verde significava que está-vamos indo bem; amarelo, apenas OK; e vermelho, *cuidado*. Usamos essa metodologia por muitos anos e repetíamos o exercício a cada trimestre, para medir nosso progresso. Era útil porque abria a conversa de modo que podíamos dar mais contexto aos investidores sobre áreas da empresa. Indepen-dentemente de qualquer coisa, seus investidores nunca terão nem uma fração da sua compreensão do negócio.

Durante aqueles anos, também passamos a perceber o poder de <u>levar nosso time de lideranças para fazerem apre-sentações em reuniões de conselho</u>. No início, não fazíamos isso, mas, quando mudamos, nossos executivos ficaram muito mais conectados com a empresa. Expô-los aos investidores fa-zia com que se sentissem importantes – e eles *eram*.

Quando tiver um time executivo totalmente pronto, você com certeza deve envolvê-los com o conselho. Não deve gerir tudo sozinho. Como CEO ou fundador(a), precisa sempre es-tar em contato com seus executivos, ajudando-os a ficar mais confortáveis em comunicar-se com o conselho. O time tem muito conhecimento para compartilhar à medida que o negó-cio cresce. Seu trabalho é facilitar que eles comuniquem esse conhecimento ao conselho.

Claro, isso não quer dizer que você deva deixar as reuniões de conselho ficarem atoladas de atualizações infinitas de cada executivo. Mais uma vez, o propósito dessas reuniões não é todo mundo relatar o que anda fazendo. No entanto, se você não tiver cuidado, é exatamente o que vai acontecer. Sugiro criar "caixinhas de tempo" – definir uma quantidade fixa e

MEU CONSELHO SOBRE CONSELHEIROS E CONSELHOS **193**

máxima de tempo para que o time de lideranças se responsabilize por não fazer longos desvios enquanto se apresentam.

Acredite em mim, se você permitir, essas discussões durante as reuniões de conselho podem entrar em um buraco negro. Como CEO, você *precisa* direcionar as pessoas e trazê-las de volta ao assunto.

É óbvio, os conselheiros têm alguma responsabilidade aqui também. Você deve ser claro(a) sobre o que está pedindo e esperando deles. Primeiro, devem ir à reunião já tendo lido todo o material. Se não fizeram isso, você deve cobrá-los. Sim, você está trabalhando para o conselho no sentido de que se reporta a eles e eles podem contratar e demitir o(a) CEO. Mas a realidade – pelo menos em conselhos bons e altamente funcionais – é que os conselheiros também estão servindo o time.

Portanto, para servir bem, os conselheiros devem estar atualizados sobre os materiais, para não desperdiçar o tempo de todo mundo tentando lê-los freneticamente durante a reunião. Além do que trazem como empreendedores ou investidores experientes, as pessoas que você está pedindo que façam parte do conselho têm a atitude certa para isso?

QUEM VOCÊ QUER NO CONSELHO?

Você precisa encontrar conselheiros com certo nível de maturidade. Quer pessoas que ofereçam apoio genuíno – e compreendam como é estressante ser fundador(a) ou CEO, administrando todos os diversos elementos da empresa e suportando toda a responsabilidade por finanças e crescimento.

A REAL SOBRE EMPREENDER

Meu estilo como CEO fundador foi sempre me culpar quando algo dava errado. Portanto, era incrivelmente útil ter conselheiros bons em apoiar e motivar. Muitas vezes eles me diziam para não ser tão duro comigo mesmo.

É claro, em alguns casos, dependendo do temperamento do CEO, pode ser necessária a abordagem oposta: se a pessoa estiver na defensiva, os conselheiros podem precisar ser mais enérgicos. No meu caso, porém, todos conseguiam ver que eu era meu pior crítico – e ajudou muito ter conselheiros que entendiam esse aspecto de minha psique.

A última coisa que você quer como fundador(a) é acabar com um verdadeiro tirano no conselho, alguém que apenas bate o tempo todo – a não ser, imagino, que isso motive você. Talvez sim. No meu caso, acho que sou intenso e sei o bastante sobre mim para saber que preciso, em meu conselho, de gente um pouco mais amigável – ou minha intensidade vai bater de frente com a deles, e a coisa vai ficar feia.

Minha rodada de captação Série A foi coliderada por duas empresas de venture capital: Monashees e Kaszek Ventures. Eu me encontrara com Hernan e Nico, os dois fundadores da Kaszek. Gostei de ambos, mas eles me pediram que decidisse qual deles eu queria em meu conselho. Optei por Nico, sobretudo porque sentia que ele me equilibrava bem. Sou uma pessoa bem intensa, e minha leitura era a de que Hernan era tão intenso quanto eu. Eu gostava do temperamento calmo de Nico. Não acho que havia uma decisão errada naquele cenário, mas fiquei feliz com minha decisão.

Deixando de lado as personalidades, quando você está selecionando quem quer em seu conselho, é importante lembrar que o conselho vai mudar conforme o tempo passa. Posições no conselho são uma das ferramentas que você usará para negociar ao receber capital.

O que quero dizer é: no início de uma empresa, é o(a) fundador(a) que controla o conselho. Contudo, depois que você levanta certa quantidade de capital – em geral, quando passa da Série B –, o que acontece é que o conselho passa a ser controlado de modo independente *ou* pelo próprio conselho/investidores.

Digamos que você tenha dois fundadores e receba um investidor no estágio de capital inicial. Agora, tem três pessoas no conselho. Conforme levanta capital adicional na Série A, o número cresce: há dois fundadores, o investidor inicial, o investidor Série A e talvez um investidor independente adicional. São cinco membros do Conselho.

Como fundador(a), você pode usar a participação no conselho para sua vantagem. Em especial quando tem um acordo que gera competição, com muito interesse de partes diversas querendo investir, você tem a habilidade de *não* dar participação no Conselho ao investidor.

Todavia, sempre que você aceita um investimento, é uma boa oportunidade de validar e negociar quem o fundo coloca no conselho. Fale com outras startups e colete feedback desses fundadores sobre os conselheiros designados pelo fundo. Um investidor e conselheiro com muita experiência pode passar um sinal bastante positivo a futuros investidores.

Com o tempo, as empresas financiadas por venture capital frequentemente passam a ser controladas pelo conselho. No entanto, na fase inicial, elas ainda são de propriedade dos fundadores, e os investidores, em geral, ainda não estão em número menor que os fundadores. Então, estes ainda têm muito poder e devem usá-lo. (Sendo eu mesmo investidor em startups em fase inicial, é uma bandeira vermelha ver empresas controladas pelos investidores. É um mau sinal e me desanima. Sempre quero investir em empresas lideradas pelo(a) fundador(a).)

Use seu bom senso e, de novo, pegue feedback com outros fundadores sobre conselheiros específicos.

Por fim, vale a pena mencionar que há algo chamado conselheiro independente, que não é nem investidor(a) nem fundador(a), mas alguém que você traz para o conselho para ajudar. Tipicamente, conselheiros independentes ou diretores independentes são pessoas que preenchem alguma lacuna do negócio. Ou têm expertise forte no setor, ou são mentores. Por exemplo, tínhamos um cara chamado Sam Lessin, que era vice-presidente de produtos no Facebook. Sabíamos que ele era muito bom em produto e poderia nos ajudar a virar uma empresa mais voltada ao produto. Então, o trouxemos como conselheiro independente.

Conselheiro independente é aquele que não é nem investidor(a) nem fundador(a), mas expert no setor, trazido para preencher uma lacuna particular.

DEMITINDO PESSOAS DO CONSELHO

Em nosso conselho, no início éramos apenas eu, meu pai, um de meus melhores amigos e meu cofundador, Thomas. Nossas reuniões de conselho eram apenas nós quatro. Mas aí Greg Waldorf entrou no balaio. Como debatemos antes, tínhamos investido em um negócio similar e estávamos extremamente bem conectados no que dizia respeito a levantar investimento seriado (capital de crescimento). Ele também fora CEO e tinha experiência em escalar uma empresa.

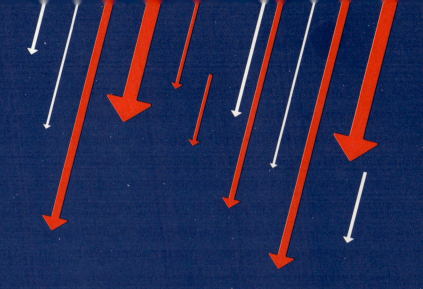

COMO FUNDADOR(A), VOCÊ PODE USAR A PARTICIPAÇÃO NO CONSELHO PARA SUA VANTAGEM. EM ESPECIAL QUANDO TEM UM ACORDO QUE GERA COMPETIÇÃO, COM MUITO INTERESSE DE PARTES DIVERSAS QUERENDO INVESTIR, VOCÊ TEM A **HABILIDADE DE NÃO DAR PARTICIPAÇÃO NO CONSELHO AO INVESTIDOR.**

A REAL SOBRE EMPREENDER

Quando Greg investiu, fez isso sob a condição de que meu pai e meu melhor amigo saíssem do conselho.

Isso, é claro, foi um pouco constrangedor. Quando alguém entra no conselho, é bem difícil, em termos de ego, convencê-lo a se afastar. Mas Greg estava absolutamente certo nisso. Foi uma conversa difícil, não tanto com meu pai (ele entendeu e não levou para o lado pessoal), mas meu amigo ficou compreensivelmente bravo no início.

É algo difícil de engolir, ser removido de um conselho e não estar envolvido em qualquer tomada de decisão dali para a frente. Mas era a coisa certa a fazer: nenhum deles tinha qualquer experiência com conselhos de startups.

Claramente, levantar dinheiro com família e amigos pode ser delicado. Aconselho a você pensar duas vezes antes de pedir que seu primo ou tio coloquem dinheiro em sua empresa. Funcionou bem para mim, mas definitivamente pode criar conflitos desnecessários, sobretudo se eles quiserem se envolver com mais profundidade na operação.

E, mesmo que não sejam familiares nem amigos, ter de demitir conselheiros é duro. Sei que deixei alguns deles permanecerem por um tempo quando deveria tê-los apenas cortado. Se você acha que um conselheiro já não é mais útil, precisa dispensá-lo educadamente – e substituí-lo por outra pessoa. Quando você achar um conselheiro ótimo, a diferença será clara. Vai sentir quanto ele se importa e quanto pode impactar o negócio, como Greg e Simon Baker no meu.

De novo, Simon era alguém com experiência profunda em construir o mesmo tipo de negócio na Austrália. Enquanto o valor de Greg era como *coach* de CEOs que nos ajudou, por exemplo, com recrutamento, Simon era um guia fantástico no

MEU CONSELHO SOBRE CONSELHEIROS E CONSELHOS

que dizia respeito a operações e estratégia.

Ambos eram, e são, mentores incríveis – e ambos foram essenciais em tornar nosso ótimo conselho o que ele era.

No fim, conselhos são complicados, mas podem ser muito valiosos. Não devem ser temidos, porém é preciso levá-los bastante a sério. Um conselho ruim pode prejudicar o negócio, mas um conselho bom pode ajudá-lo sobremaneira. Tem tudo a ver com encontrar as pessoas certas e construir seu conselho da forma certa.

Sim, leva um investimento significativo de tempo e energia *acertar* essa peça, mas os benefícios, definitivamente, valem a pena.

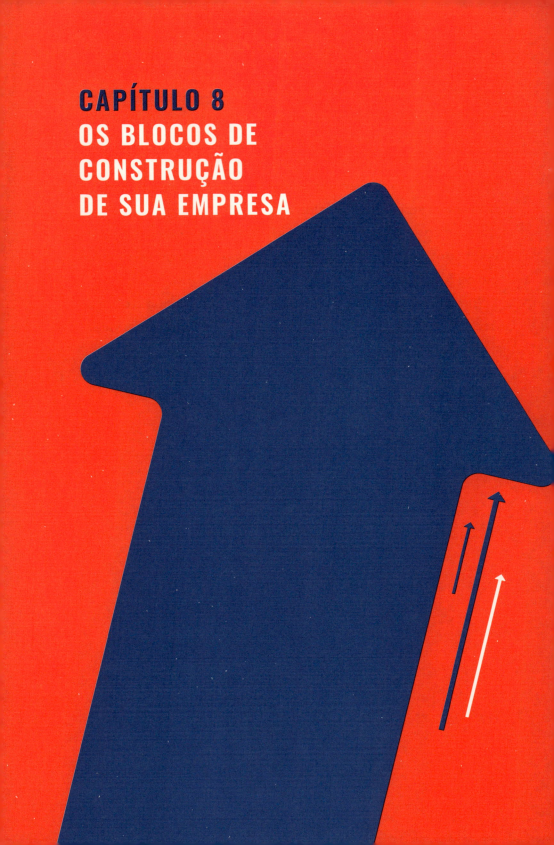

omo falamos no capítulo 3, é quase preferível – embora admito que nós mesmos não tenhamos seguido essa regra! – ter um cofundador ou cofundadora genuinamente técnico, alguém com verdadeira experiência em engenharia. Você quer alguém assim desde o começo. Se não um fundador ou fundadora, pelo menos alguém que seja parte do time da fundação. Ajuda demais a resolver problemas e a evitar dores de cabeça depois.

Recrutar um CTO mais para a frente é muito difícil.

No Brasil, preencher essa posição talvez esteja se tornando mais simples, por haver mais empresas bem-sucedidas hoje no país – e, por extensão, mais gente com experiência valiosa em escalar um negócio. No entanto, quando eu estava começando, não havia muita gente com essa experiência porque simplesmente ainda não havia muitas histórias de startups de sucesso no Brasil.

Está ficando cada vez mais fácil. Mas ainda é preciso tomar muito cuidado no que diz respeito a essa peça do quebra-cabeça. Para começar, se você está tentando recrutar um bom

A REAL SOBRE EMPREENDER

CTO, precisa reservar participação acionária significativa para isso. É especialmente importante se você é o(a) único(a) fundador(a) ou se nem você nem o(a) cofundador(a) são técnicos. E a participação é fundamental quando se está tentando recrutar boas pessoas para *qualquer* posição.

Mas o motivo de eu estar aqui focando no cargo de CTO é que, em uma empresa voltada à tecnologia, ao produto e à engenharia, realmente esse profissional precisa estar no centro da construção. Ter a pessoa certa e o time certo alocados é fundamental – e errar nisso pode ser um obstáculo enorme em sua empresa.

CTO é uma das posições mais difíceis de preencher. Melhor começar com um cofundador técnico que possa se tornar CTO. Se você tiver que recrutar um depois, certifique-se de reservar participação significativa para isso.

Não ter um cofundador técnico desde o início foi apenas um dos muitos erros que cometi no que dizia respeito a produto e engenharia. Em nosso caso, Thomas sempre esteve envolvido no produto, mas, no princípio, também cuidava de engenharia – até por fim conseguirmos contratar um CTO. Depois, quando fizemos isso, logo ficou claro que aquele cara não era um bom encaixe cultural. Era indiano, e havia uma diferença muito grande entre como as coisas eram feitas na Índia e no Brasil.

Ao mesmo tempo, tudo isso estava acontecendo em um momento em que nossa equipe da Colômbia começava a migrar para o Brasil. Tínhamos poucos funcionários e precisávamos desesperadamente de sangue novo, em específico gente com experiência em engenharia. Mas era incrivelmente difícil (e caro) no Brasil, na época, achar essas pessoas.

CTO É UMA DAS POSIÇÕES MAIS DIFÍCEIS DE PREENCHER. MELHOR COMEÇAR COM UM COFUNDADOR TÉCNICO QUE POSSA SE TORNAR CTO. SE VOCÊ TIVER QUE RECRUTAR UM DEPOIS, CERTIFIQUE-SE DE RESERVAR PARTICIPAÇÃO SIGNIFICATIVA PARA ISSO.

Como mencionei no capítulo 3, tecnologia e engenharia *sempre* foram um de nossos pontos fracos no Viva Real, desde o princípio. Tivemos um início ruim não tendo um CTO nem um cofundador técnico, e honestamente sempre batalhamos com essa parte do negócio.

Então, quando finalmente conseguimos algumas pessoas boas, incluindo um novo CTO, cometi um tipo de erro diferente: coloquei esses caras de produto e engenharia em um pedestal.

O PROBLEMA DO PEDESTAL

Isso acontece demais em várias empresas, e o problema é que você acaba criando quase duas classes distintas de pessoas na organização. É algo sobre o que precisa estar muito consciente e tentar evitar. Como com todas as lições deste livro, espero que você possa aprender com meus erros.

Eis por que é tão difícil e um equilíbrio tão duro. Por um lado, não se pode negar a importância do cargo de CTO. Você *precisa* garantir que tem a pessoa certa. É uma dificuldade de *muitas* startups, porque há grande escassez de bons candidatos para essa posição – e ela pode ter impacto imenso no negócio. Isso é verdade com produto e engenharia em geral. É muito difícil encontrar recursos, e os bons talentos são pessoas que terão dez vezes mais impacto e construirão muitíssimo valor para sua empresa.

Como em qualquer negócio, as pessoas são remuneradas de acordo com seu valor para a organização. Então, quando se trata de engenheiros, não é estranho nem incomum alguém de 28 anos ganhar mais que um executivo de marketing de 40 anos.

É assim que as coisas são, às vezes, e a realidade é que é muito difícil *não* criar essa distinção de classe.

Contudo, ao mesmo tempo, você realmente precisa tentar manter isso sob controle. As empresas vão longe demais – e não éramos exceção – tentando atender e mimar seus engenheiros, o que pode criar ressentimento na organização.

Em nosso caso, vejo hoje que foi um erro no início ir tão longe para fazer com que nossos engenheiros se sentissem "especiais". Claro, na teoria sempre é bom que seus funcionários se sintam especiais: com certeza é melhor que o contrário. Mas vira um problema quando começa a bagunçar a política do escritório ou a causar conflitos internos.

Hoje, vejo que nossa abordagem prejudicou *de fato* a cultura organizacional em certo ponto. Não sei se poderíamos ter evitado totalmente o problema, mas queria ter me adiantado um pouco mais e perguntado como as pessoas estavam se sentindo antes de haver ressentimento demais.

O que também teria provavelmente ajudado seria colocarmos os engenheiros e o pessoal de tecnologia mais na frente dos clientes.

Não é um problema tão grande com o pessoal de produtos. Eles já são bem voltados ao consumidor: para construir um produto, você precisa conversar com os clientes. Isso é verdade independentemente do tipo de negócio que você tem ou do que está construindo – se é um software corporativo complexo ou um *marketplace* de consumidor. Mesmo que você tenha um negócio B2B2C em que, digamos, esteja vendendo para empresas imobiliárias e também construindo um produto para clientes que buscam imóveis, sim, você pode ter tipos diversos de clientes ou usuários, mas seu pessoal de produto continua falando com esses públicos.

Não é assim, porém, com o pessoal de engenharia que está construindo o software. Muito frequentemente eles se tornarão desconectados do cliente. Não é bom. Quando seus engenheiros nunca têm papel de protagonista na linha de frente com os clientes, isso de novo cria uma mentalidade estranha.

Mas não *precisa* ser assim. Em boa parte, essa questão pode ser evitada simplesmente dando mais exposição a esses times de engenharia e fazer com que interajam com diferentes departamentos. É positivo para todos: cria mais empatia pelo que você está construindo e para quem, e é uma boa regra de ouro nos negócios todo mundo entender o que todo mundo faz na empresa.

Ajuda as pessoas a trabalharem melhor em equipe.

É difícil encontrar bons engenheiros de produto – mas, quando você acha, eles podem ter impacto dez vezes maior e criar valor incrível para a empresa.

OUTROS PROBLEMAS NA CONSTRUÇÃO E GESTÃO DE TIMES DE ENGENHARIA

Finalmente, no que diz respeito a produto e engenharia, e ao cargo de CTO em especial, já falamos de como é importante que a pessoa seja não apenas ótima em fornecer orientações tecnológicas, mas também em gerir pessoas. É a diferença entre um

OS BLOCOS DE CONSTRUÇÃO DE SUA EMPRESA

CTO e um VP de engenharia. O CTO é basicamente o mais alto tipo de executivo, e sua responsabilidade vai além de tão só tomar decisões técnicas.

De novo, é por isso que o cargo de CTO é tão difícil de preencher. O que tendemos a ver o tempo todo é alguém muito forte no lado tecnológico, mas que não tem habilidade de gestão de pessoas – ou vice-versa.

Não há como evitar: essa é uma das partes mais difíceis à medida que você escala sua organização.

Por exemplo, quando o Google estava montando seu time de engenheiros, notoriamente supôs que a gestão não seria tão importante para a engenharia. Eles acreditavam, de modo equivocado, que os engenheiros seriam capazes de se autogerenciar. Felizmente, identificaram o erro antes de ir longe demais nesse caminho. O Google, claro, é uma empresa voltada a dados, então, de fato, fez experimentos sobre isso – e descobriu que, embora com frequência os engenheiros resistam muito a ser geridos e digam que não gostam de ter gerentes, isso é bastante necessário. Crítico, até.

De modo semelhante, no que diz respeito à engenharia, é comum – e está ficando cada vez mais popular – ter equipes remotas. Acredito que seja o futuro. Mas é mais difícil implementar quando sua empresa não começa com o trabalho remoto como parte da cultura.

Um de meus amigos mais próximos (e investidor-anjo no Viva), o empreendedor em série Alexander Torrenegra, foi uma grande inspiração nesse quesito e monta empresas remotas há mais de uma década. Hoje, administra a Torre, em que também sou investidor. (Ah, e você talvez o conheça como um dos tubarões do *Shark Tank Colombia*!)

A REAL SOBRE EMPREENDER

Em 2020, quando a Califórnia entrou em *lockdown* por causa da covid-19, eu me vi com minha esposa e meus filhos dividindo uma casa em Lake Tahoe com Alex, sua esposa, Tania, e a filha deles, Azul. Usei nosso tempo juntos para aprender tudo o que podia com Alex sobre trabalho remoto.

Considero Torrenegra o rei do trabalho remoto. Ele escreveu um livro inteiro sobre o assunto: *Remoter: The Why-and-How Guide to Building Successful Remote Teams* [Remoto: o guia de como e por que construir times remotos bem-sucedidos (ainda sem tradução no Brasil)]. E, com alguns outros, me deu muitas orientações sobre como incorporar o trabalho remoto em minha próxima empreitada, desde o primeiro dia.

Durante 2018 e 2019, eu estava planejando abrir uma nova empresa. Sabia que queria construir algo focado de novo na América Latina, mas também sabia que voltar à região em tempo integral não estava no meu futuro. Queria estar perto da minha família na Califórnia. Então, pela primeira vez, comecei a pensar seriamente sobre construir uma empresa remota.

Hoje, essa empresa remota, a Latitud, é uma realidade, e, embora tenhamos uma equipe pequena, ainda não consegui conhecer metade das pessoas que contratei. À primeira vista, isso pode parecer estranho, mas a verdade é que está tudo funcionando muito bem. A equipe tem sido muito produtiva. E, na realidade, não foi a primeira vez que contratei pessoas que não conheço pessoalmente. No início do Viva Real, fiz isso com Sasha Asatfyeya, importante executiva que contratei da Ucrânia.

Acho que isso será cada vez mais comum – não só contratar pessoas sem conhecê-las pessoalmente, mas o trabalho remoto em geral. Veja, ainda não acho que todas as startups podem ou devem se tornar empresas completamente remotas.

DE MODO SEMELHANTE, NO QUE DIZ RESPEITO À ENGENHARIA, É COMUM — E ESTÁ FICANDO CADA VEZ MAIS POPULAR — TER EQUIPES REMOTAS. ACREDITO QUE SEJA O FUTURO. MAS É MAIS DIFÍCIL IMPLEMENTAR QUANDO SUA EMPRESA NÃO COMEÇA COM O TRABALHO REMOTO COMO PARTE DA CULTURA.

210 A REAL SOBRE EMPREENDER

E é preciso tomar cuidado quando se contratam pessoas sem conhecê-las pessoalmente. Sugiro começar com um contrato temporário. Faça uma experiência com um projeto específico e veja como funciona. Não é perfeito, ainda há desafios.

Contudo, a realidade é que, no mundo atual, você perde os talentos se não permitir o trabalho remoto. Há muita gente boa por aí que simplesmente não quer se mudar. Então, você meio que *precisa* fazer isso – e, da forma certa, esse arranjo pode, sim, funcionar.

Mas só se você gerir bem, o que não foi nosso caso no Viva Real.

No início dessa empresa, a maioria de nossos problemas de gestão de equipes veio, sinceramente, de eu não saber, como CEO, gerir equipes de maneira eficaz. Eu não tinha muita experiência como gerente. Estava aprendendo na hora. Então, quando mudamos nossa sede de Bogotá, Colômbia, para São Paulo, Brasil, e nos reinventamos para o novo mercado, precisamos de um escritório remoto. Também experimentamos colocar algumas pessoas trabalhando de casa.

Ter um escritório satélite ou alguns engenheiros trabalhando de casa não fazem com que uma empresa seja remota.

O trabalho remoto hoje está em alta. Mas, para ser totalmente honesto, embora atualmente eu veja aspectos incrivelmente positivos, levei muito tempo para chegar a esse entendimento. Precisei superar muitos de meus próprios preconceitos sobre o assunto. No Viva Real, sempre senti que fui meio forçado a permitir o trabalho remoto. Filosoficamente, sempre fui cético e era, em particular, resistente à ideia de times de engenharia remotos. Meu pensamento era de que as pessoas precisavam, de fato, estar lá no meio.

Tive inúmeros debates com meu time sobre isso. Vez ou outra, cedi, mas nunca realmente dei ao nosso time remoto o apoio de que precisava. Simplesmente nunca fomos 100% bem-sucedidos em ter um time remoto de engenharia. Não sabíamos como gerir, e talvez não tivéssemos disponibilidade de aprender. No fim, os times remotos não eram tão produtivos quanto poderiam. E provavelmente perdemos alguns ótimos talentos por isso.

Cada startup tem áreas em que é forte e aquelas em que não é tão forte. Não éramos diferentes.

E AS OUTRAS PARTES DA ORGANIZAÇÃO?

Há inúmeros modelos de negócio por aí de como estruturar seus times. Por exemplo, hoje se tem o conceito bastante na moda de *squads* ou *pods*, em que os membros da equipe têm papéis multidisciplinares.

Concordo com Ben Horowitz, que diz que "qualquer organograma para uma empresa é ruim". Ele estava sendo um pouco brincalhão, mas o que quis dizer foi que qualquer organograma só é bom para certo momento, com base no que você precisa naquela conjuntura.

O modo como eu diria é que não há forma certa de organizar um negócio, mas as empresas *precisam* de estrutura. Em outras palavras, certamente é importante *ter* um organograma e haver uma lógica pensada por trás dele. Mas nunca dá para se comprometer com uma estrutura em particular. Todas elas têm problemas. Quando você muda de uma para outra, está apenas retirando um problema e adicionando um novo. E tudo bem: só é preciso ser claro sobre qual problema você prefere ter. Não há solução perfeita, resposta certa para a pergunta de quem deve se reportar a quem, e assim por diante. É tudo bem fluido. O importante é que você sempre precisa se adaptar.

Muitas vezes as organizações se tornam dogmáticas sobre como devem se organizar. É parecido com o que se vê em linguagens de programação. Há muitos engenheiros obcecados com tipos específicos de linguagens de programação ser melhores que outros, mas a realidade é que, em geral, há vários modelos diferentes que resolverão bem o problema. O que me preocupa é quando tenho um engenheiro fixado na linguagem a ser usada. Muitas vezes, o motivo de ele estar tão preocupado é querer aprender uma linguagem específica, então insiste em usá-la – porém, apenas para satisfazer à própria curiosidade intelectual. Está colocando o interesse pessoal à frente do que é bom para a empresa.

Não há espaço para esse tipo de rigidez em uma startup, seja com linguagens de programação ou com organogramas. Em termos de como organizamos nossos times no Viva Real, sei que temos quase todo tipo de estrutura possível em um momento ou outro. Sério, provavelmente houve vinte iterações ou permutações diferentes. Vivíamos mudando internamente. Nenhum dos arranjos era "perfeito" nem nada que eu insistiria que outras empresas imitassem.

A realidade é que você acaba se adaptando a quaisquer que sejam as prioridades; você desenha sua estrutura com base nas necessidades do momento.

[...] NO MUNDO ATUAL,
VOCÊ PERDE OS TALENTOS
SE NÃO PERMITIR O
TRABALHO REMOTO.

LEVANTANDO CAPITAL E FINANCIAMENTO

CAPÍTULO 9
O "O QUE"

nvestidores-anjo podem ter papel crítico para empreendedores de primeira viagem. O que fiz quando consegui os primeiros investidores-anjo no Viva Real – depois do capital inicial FFF (Amigos, Família e Tolos) – foi sair e levantar dinheiro com Simon Baker e Greg Waldorf. Eles lideraram juntos a rodada e trouxeram mais algumas pessoas para preenchê-la. Levantamos 1,1 milhão de dólares.

De novo, havia duas cestas de investidores-anjo. Uma consistia em pessoas como Greg. Ele possuía uma rede um pouco maior no Vale do Silício e acesso a futuros financiamentos em estágios (investidores de Série A, B, C). Também era muito experiente em participar de startups – e dava a credibilidade que nos ajudava com o acesso a futuros investidores.

A outra cesta de investidores-anjo eram operadores com conhecimento profundo e específico do setor. Isso incluía Simon e Shaun Di Gregorio. Eram investidores que podiam ajudar e dar insights sobre a operação, com sua experiência de "mão na massa" escalando empresas no mesmo setor. Tanto Simon quanto Shaun foram essenciais em escalar um negócio similar ao

Viva Real na Austrália, então tinham insights específicos sobre o mapa necessário. Entendiam profundamente as oportunidades e os desafios de nosso negócio.

Para um(a) empreendedor(a) de primeira viagem tentando levantar fundos – e, de fato, eu recomendaria essa estrutura a qualquer um que estiver levantando capital para uma empresa financiada por venture capital –, é bom ter os dois tipos de investidores-anjo. Você ganha uma combinação de experiência, credibilidade com outros investidores e conhecimento de como construir e recrutar um time, além de como navegar no processo de financiamento em estágios mais à frente.

Hoje, sempre que faço um investimento, certifico-me de conectar a empresa em que estou investindo com outras pessoas que acho que serão bons investidores. Faço isso porque conheço muitos investidores-anjo e fundos, e sei qual é a tendência deles para diferentes oportunidades.

Vale a pena mencionar que também há uma denominação chamada *superanjos* – em geral, pessoas que venderam suas empresas anteriormente e fizeram parte daquele processo. Superanjos podem, igualmente, gerir fundos de investimento que incluem capital de terceiros e, portanto, ter a capacidade de investir mais dinheiro que outros anjos.

Seus investidores-anjo devem ser ou operadores muito experientes ou pessoas com acesso a financiamento em estágios (ou os dois).

Um alerta para fundadores: há algumas proteções importantes que você deve conhecer ao levantar dinheiro em uma rodada de investimentos-anjo.

Primeiro, precisa perceber que os termos que conseguir dos investidores, no início, abrirá precedente a rodadas futuras. É útil, portanto, ter ao lado algumas pessoas diferentes, de novo das duas cestas, que possam participar da rodada-anjo e auxiliar.

Pense com cuidado nos termos que recebe ao aceitar um investimento. É bem provável que constituam um template para o futuro. A maioria das rodadas-anjo, ou rodadas-semente, utiliza uma nota conversível ou participação conversível (por exemplo, um SAFE). Hoje, o acesso a esses documentos de nota conversível está mais disponível.

Se quando negocia certos aspectos de um *term sheet* (mais sobre isso no próximo capítulo) você abre mão, no início, de muitos desses itens, todos os futuros investidores vão querer os mesmos termos. É assim que funciona. Mas a maioria dos investidores-anjo fica confortável com uma nota conversível-padrão ou o YC SAFE – e isso é recomendado para o financiamento na fase inicial, pois é rápido e mantém honorários advocatícios baixos.

Se há algo que eu queria ter feito diferente em minhas rodadas de investimento-anjo foi ter usado um Special Purpose Vehicle (SPV), que geralmente envolve abrir uma estrutura Limited Liability Corporation (LLC) – em Delaware, nos Estados Unidos – e permite concentrar vários investidores individuais sob uma única entidade. Foi uma dor de cabeça ter que correr atrás de todas as assinaturas de que eu precisava. Para minha próxima empresa, definitivamente vou usar um SPV. Isso torna a estrutura bem mais eficiente. Para ser honesto, ainda não o vejo sendo usado com muita frequência, mas imagino que vai se tornar mais comum no Brasil nos próximos anos. As vezes em que *vi* um SPV foi em casos de empresas na fase final, que querem centralizar todos os anjos em um veículo. Por exemplo,

220 A REAL SOBRE EMPREENDER

eu era investidor-anjo em uma empresa em que havia muitos outros acionistas minoritários como eu que tinham colocado de dez a cinquenta mil dólares cada um. O CEO nos enviou e-mail para explicar como o SPV ia funcionar. Escreveu:

> Conforme escalamos, para tornar a tabela de capitalização mais administrável, vamos mudar todos os Anjos para LLC. Como podem imaginar, correr atrás de cada um de vocês para assinatura toda vez que precisamos de uma resolução de acionistas é bem desafiador. Não se preocupem, essa estrutura não terá permissão de vender suas ações sem seu consentimento (exceto em uma venda da empresa inteira ou em um IPO) nem vai impedir que você venda ações em futuras ofertas secundárias. Além disso, a empresa cobrirá os custos associados à LLC. Vamos circular autorizações para vocês assinarem, para mudar suas ações ao mesmo tempo que concluímos essa rodada secundária de financiamento.

Meu amigo Mauricio Feldman, cofundador da Volanty, recomenda que fundadores montem uma estrutura *offshore* (fora do Brasil) desde o primeiro dia da empresa. Ele diz "dá para fazer barato e manda a mensagem de que você está aqui para construir algo grande". Concordo. Hoje, como investidor, se vejo um negócio levantando dinheiro por meio de uma entidade local, quase sempre passo. Há diversas razões para abrir uma estrutura *offshore*, sendo as principais: proteção sobre responsabilidades, otimização tributária, governança mais clara, sentimento de familiaridade dos investidores e mais flexibilidade no caso de venda da empresa.

COMO ENCONTRAR UM INVESTIDOR-ANJO

Eu também recomendaria encontrar investidores-anjo de mercados locais, por exemplo, o Brasil. Pessoas que entendem o mercado. Você não quer alguém aleatório, sem conexão com o Brasil ou seu setor. Eles não trazem nenhum peso. Ter alguém assim só mostra que você convenceu uma pessoa rica a investir dinheiro.

No entanto, quando consegue um expert local ou alguém com experiência no domínio ou conhecimento local, isso traz força. Traz credibilidade.

Quando saí para levantar capital, fui até uma série de investidores locais. Além de Simon e Greg, eu tinha mais alguns investidores-anjo, como Micky e Wences, os empreendedores e investidores lendários que fundaram e venderam o Patagon Bank ao Santander e o Lemon Bank ao Banco do Brasil. Contudo, mesmo com meus investidores-anjo locais, quase todos estavam em uma dessas duas cestas: ou eram operadores muito experientes, ou tinham acesso a financiamento em estágios.

Como acabei trazendo essas pessoas? Em geral, começa com um investidor líder. No meu caso, eu já trouxera Simon: a experiência dele nos deu credibilidade e isso deu a Greg mais conforto para investir. Aí, quando Greg se comprometeu, ajudou a conseguir mais 750 mil dólares com os contatos que tinha. É basicamente o que se chamaria, hoje, de sindicato de anjos.

Sindicato de anjos é um fundo de venture capital criado para fazer um investimento único. É liderado por investidores com experiência em tecnologia e financiado por investidores institucionais e anjos sofisticados.

Nos Estados Unidos é comum esses investidores-líderes fazerem um investimento e alinharem capital adicional de seu sindicato ou rede. Em alguns casos, cobram 20% de participação nos lucros sobre o investimento. Digamos que eu tenha feito um investimento de cinquenta mil dólares em uma empresa. Também ajudei a captar mais um milhão. Como líder do sindicato, receberia 20% dos lucros de qualquer capital que voltasse do investimento. Então, se um milhão de dólares investidos retornassem dez milhões em lucro, eu ganharia 2 milhões em participação por encontrar, diligenciar e negociar os termos do acordo.

De novo, é aqui que acredito que SPVs vão passar a ser mais usados. Esse modelo está, de fato, ficando mais popular, mas, quando levantei minha rodada-anjo, não era comum. Tanto Simon quanto Greg negociaram alguma participação adicional (2% adquirido ao longo do tempo) como parte de seu investimento em forma de acordo de conselheiros, que é algo que se vê com mais frequência. Era muita participação para dar, mas, no meu caso, valeu a pena. Era minha primeira vez gerindo uma empresa financiada por venture capital, e tanto Simon quanto Greg ajudaram bastante.

Além do modelo de SPV, prevejo o crescimento dos *rolling funds*, ou fundos de capital de risco por subscrição Esse fundo é um novo tipo de veículo de investimento que permite que

SINDICATO DE ANJOS É UM FUNDO DE VENTURE CAPITAL CRIADO PARA FAZER UM INVESTIMENTO ÚNICO. É LIDERADO POR INVESTIDORES COM EXPERIÊNCIA EM TECNOLOGIA E FINANCIADO POR INVESTIDORES INSTITUCIONAIS E ANJOS SOFISTICADOS.

administradores (até agora, principalmente fundadores) compartilhem o fluxo de negócios com investidores de fundos na base de uma assinatura trimestral, compartilhando também um pedaço do lucro, em forma de taxa de performance (o *carry*, que explico melhor mais adiante), ao longo dos anos.

Um *rolling fund* é estruturado como uma série de parcerias limitadas: no fim de cada período de investimento trimestral, um novo fundo é oferecido basicamente nos mesmos termos, pelo tempo que o fundo continuar operando. Com essa estrutura, os *rolling funds* são vendáveis ao público e continuam abertos a novos investidores.

Este livro não vai tratar do futuro do venture capital, mas acredito que esses fundos sejam o início dos softwares passando a dominar o modelo tradicional de venture capital. Acho que é uma evolução natural dos fundadores tornarem-se investidores, o que lhes permite começar com muito menos atrito e custos iniciais. Criar um fundo de capitais formal do zero pode custar entre cinquenta e cem mil dólares, e é caro manter. Acredito que isso abrirá o acesso a gerentes de fundo mais diversos.

Fundadores querem receber investimento de outros fundadores – pessoas que já passaram por aquilo e podem falar dos desafios que estão enfrentando –, e o investimento-anjo mesclou as fronteiras entre investidor e conselheiro. Sou muito fã de fundadores que levantam dinheiro com outros fundadores na fase inicial. Conforme o ecossistema de startups brasileiro continuar a crescer, essa tendência vai permanecer. Em vez de as pessoas falarem sobre o *case* do PayPal, vamos ouvir sobre *cases* do Nubank, da VTEX, da Creditas, da EBANX, da Loggi, do QuintoAndar e do Wildlife, além de outras dezenas de empresas que construíram tremendo valor agregado. Espero que os fundadores dessas e outras empresas levantem capital para reinvestir no ecossistema de startups.

Quem sabe você não é o(a) próximo(a) da fila?

COMO SABER SE VOCÊ DEVE LEVANTAR DINHEIRO?

Como fundador ou fundadora, como determinar se o venture capital é aplicável ao seu negócio?

Nem todas as empresas devem levantar venture capital. Por exemplo, negócios de serviço, como agências de marketing, em geral *não* são adequadas a receber venture capital. A exceção à regra é se o negócio for *marketplace* de consultores – como o Upwork faz no mercado de *freelancers*, conectando pessoas do mundo todo e ajudando-as a se encontrar. (Algo assim é mais um "*marketplace* de efeitos de rede", fenômeno em que um produto ou serviço ganha valor adicional conforme mais pessoas o usam.) Todavia, se você é uma empresa local que depende de consultores e não tem um modelo para escalar até certo tamanho, não deve levantar dinheiro.

Então, quando *deve* procurar venture capital?

Se você sabe que tem um mercado muito grande ou TAM (sigla em inglês para *Total Addressable Market*, ou Mercado Total Endereçável) e realmente precisa acelerar seu crescimento para capturar participação de mercado – afinal, *alguém* vai ter essa participação de mercado –, o venture capital faz muito sentido. Você precisa desse empurrão, desses recursos adicionais, para poder crescer rápido e atrair as melhores pessoas.

A REAL SOBRE EMPREENDER

Em resumo, venture capital é para quando há um mercado de fato grande e atraente e uma oportunidade realmente expressiva, de bilhões de dólares. Um bom exemplo seria uma startup que tem um ótimo software de contabilidade que faz algo totalmente diferente, ajudando pequenas empresas de maneira inovadora. (Um alô para Vinicius Roveda, da Conta Azul, que criou uma empresa líder de mercado nesse espaço.) O mercado de pequenos negócios no Brasil (e em muitos países) é muito grande. Há centenas de milhares de pequenos negócios no país, e muitos deles ainda usam Excel para gerir suas finanças. Então, voltando ao exemplo, lá está você com essa ótima solução de software para pequenos negócios. Mas está paralisado porque, para escalar os produtos, precisa contratar mais vendedores e engenheiros. Precisa investir em marketing para poder transmitir sua mensagem e trazer mais clientes. Precisa de um time de sucesso do cliente (*customer success*) para garantir que ele esteja usando o software apropriadamente. É muita coisa!

Agora, tenha em mente que pagar por tudo isso pode não permitir ao seu negócio ser lucrativo inicialmente. Pode ser que você não tenha lucro por cinco anos. Contudo, se provou que é capaz de fidelizar determinada quantidade de clientes, vale absolutamente a pena – para você e os investidores.

Há um conceito, com o qual você provavelmente está familiarizado, chamado LTV sobre CAC, uma equação que põe o *Lifetime Value* do cliente sobre o Custo de Aquisição desse Cliente para chegar a uma métrica de sustentabilidade. A proporção LTV : CAC mede a relação entre o valor necessário para adquirir um cliente e o retorno financeiro que isso gera ao longo da vida desse cliente.

O LTV indica quanto tempo um cliente médio fica com você antes de parar de pagar e quanto valor ele gera ao longo desse ciclo. Em geral, quanto mais um cliente fica com você, mais valioso ele é. O Custo de Aquisição de Cliente mostra a média de quanto custa adquirir um cliente novo. Na maior parte do tempo, custa mais adquirir um cliente novo que manter um existente.

Explicando em números:

LTV = Gasto médio dos clientes em um período de tempo X (ticket médio no período) × Quantas vezes esse período de tempo X se repete na média de vida dos clientes

Por exemplo,

Ticket médio = R$ 2.000/mês

Média de tempo como cliente = 24 meses

LTV = R$ 2.000 × 24 = R$ 48.000

CAC = Custo de todos os esforços de marketing e vendas para todos os clientes em um período de tempo X (incluindo folha de pagamento, comissões, materiais gráficos, CRM etc.) / número de clientes adquiridos no mesmo período de tempo X

Por exemplo,

Total de gastos em marketing e vendas em 24 meses: R$ 480.000

Total de clientes adquiridos em 24 meses: 60

CAC = R$ 480.000 / 60 = R$ 8.000

Nesse exemplo inventado, se o LTV da empresa é 48 mil reais e o custo total de adquirir um cliente é 8 mil, a proporção LTV : CAC é 6 : 1.

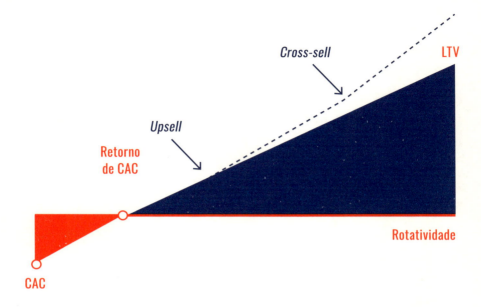

A questão é: a não ser que você faça alguma burrada, na maioria dos casos e sobretudo em um modelo B2B ou B2B2C, há alta probabilidade de o cliente ficar com você. A rotatividade é baixa – o cliente gosta de seu produto e quer continuar com você –, mas os custos de trocar de fornecedor também são bem altos. Se outro fornecedor de software chegasse oferecendo o mesmo, seria caro para o usuário. Ele precisaria treinar de novo a equipe e adaptar-se a um novo processo.

Se você estiver servindo bem ao cliente e antecipando as necessidades dele, pode continuar na frente. Os custos altos da troca criam um "fosso" em torno do negócio.

Claramente, uma empresa em um mercado grande, com proporção LTV : CAC como essa, deve ser financiada por venture capital. Esse capital vai ajudá-la a conseguir talentos. Talvez até lhe permita adquirir outras empresas – ou fazer oferta pública (nesse caso, vai precisar de conexões fortes e experiência que o venture capital fornece).

Há muitas razões pelas quais venture capital é bom. Supondo que você tenha chegado até este livro porque (a) já é uma startup financiada por venture capital ou (b) sabe que precisa se tornar uma para expandir e conquistar a fatia de mercado de que precisa, deve prestar atenção especial a este capítulo. A realidade é: há muito mistério no mundo do venture capital. Meu conselho: primeiro, certificar-se de que entenda os fundamentos de como os investidores pensam, as motivações por trás de seus comportamentos.

MODELO ÚTIL PARA PENSAR EM LEVANTAR CAPITAL

Há um modelo muito útil criado por meu amigo e colega Mauricio Feldman – em conjunto com seu cofundador na Volanty, Antonio Avellar –, que é essencialmente um roteiro para pensar em levantar fundos ao construir uma startup, baseado em cinco critérios essenciais para empresas financiadas por venture capital.

1. TAM (Mercado Total Endereçável) enorme. Vá atrás dos grandes mercados, focando os mais desafiadores. Isso o ajudará a levantar capital. Você ainda vai cometer erros, mas, em mercados grandes, terá sete vidas, porque conseguirá, em geral, levantar bastante dinheiro – o que lhe dará mais oportunidades de encontrar a solução certa para o mercado.

2. Tecnologia não utilizada amplamente. Isso evoluiu muito, mas continua sendo verdade que indústrias tradicionais não são boas em usar tecnologia em escala. Ao construir

sua empresa baseada em venture capital, você não precisa reinventar a roda. Pode pegar uma tecnologia já existente e aplicá-la a um mercado sensível em tecnologia. Para citar meu amigo David Vélez, enquanto a maioria dos bancos se veem como empresas de serviços financeiros que por acaso usam tecnologia, "o Nubank é uma empresa de tecnologia que por acaso oferece serviços financeiros". Pode parecer uma distinção sutil, mas faz uma diferença enorme.

3. Receita desde o dia zero. O motivo pelo qual isso é importante é o mesmo pelo qual não gosto de investir em redes sociais – é preciso milhões de usuários antes de conseguir ganhar dinheiro, e, na maioria dos casos, não há vantagem competitiva, então você compete com *players* globais.

4. *Benchmarks* estrangeiros. Utilizar uma referência estrangeira – por exemplo, "Volanty é a Vroom do Brasil" – ajuda os investidores a entender melhor o negócio. Sim, você deve se concentrar em resolver problemas locais específicos e provavelmente precisará tropicalizar a solução para lidar com uma necessidade de mercado única. Mas usar *benchmarks* estrangeiros ainda é essencial para ajudar a chegar aos investidores e articular a eles o que está construindo.

5. Dor clara. No que diz respeito ao problema que sua empresa está resolvendo, certifique-se de que a dor seja grave e comum, algo com que o investidor possa se identificar. Um grande teste é tomar uma cerveja com dez amigos e dizer a eles que precisa vender seu carro. Se todos reagirem negativamente, porque sabem que

EM RESUMO, VENTURE CAPITAL É PARA QUANDO HÁ UM MERCADO DE FATO GRANDE E ATRAENTE E UMA OPORTUNIDADE REALMENTE EXPRESSIVA, DE BILHÕES DE DÓLARES.

não é um processo divertido, você estará vendo uma dor clara. O oposto disso seria procurar um problema que não existe. Ter uma dor clara óbvia a todo mundo torna muito mais fácil falar com recrutas e investidores potenciais, bem como com a mídia.

Mauricio me contou que, se tivesse construído esse modelo hoje, provavelmente teria adicionado dois outros critérios importantes: economia de unidades (*unit economics*) e CAC (Custo de Aquisição de Cliente) sob controle. Isso dito, se sua empresa cumpre esses cinco critérios apresentados, você provavelmente está em boa posição para levantar venture capital. Se quer entender como vai levantar dinheiro, primeiro precisa entender como os próprios investidores de venture capital ganham dinheiro.

COMO FUNCIONA
O VENTURE CAPITAL

Muita gente no universo de startups não pensa muito no venture capital do ponto de vista dos investidores. Pode soar óbvio, mas investidores de venture capital também precisam levantar dinheiro. Lá está você, como fundador(a), tentando levantar dinheiro para seu negócio, falando com esses fundos para convencê-los a investir. Mas precisa se lembrar de que eles mesmos estão tentando levantar dinheiro para o fundo deles enquanto tentam gerar retorno para seus investidores! Quando você estiver levantando dinheiro, estará em posição muito melhor – empoderado para tomar decisões melhores – se puder entender a dinâmica e os incentivos por parte do investidor, qual é o modelo financeiro dele e como ele opera.

Antes de mais nada, de que forma eles são pagos?

Tradicionalmente, investidores de venture capital ganham dinheiro com base em quanto conseguem levantar quando saem e vendem aos chamados comanditários, sócios de responsabilidade limitada, ou mais comum, em inglês, LP (*limited partners*), que se comprometem a investir capital no fundo deles. Esse grupo de LPs é composto de uma mescla de investidores. Podem incluir fundos patrimoniais, fundos de pensão corporativos, fundos de natureza contábil e financeira, famílias abastadas e "fundos de fundos".

Aí, no venture capital em si, normalmente há os sócios *gerais* ou GPs (do inglês, *general partners*). Também há os gestores, os associados, os analistas, os *venture partners* e um empreendedor em residência (EIR, na sigla em inglês). Os dois primeiros referem-se apenas à senioridade do membro do time. Quanto aos *venture partners*, são aqueles que ajudam temporariamente com investimentos e administração. Por fim, um empreendedor em residência está buscando a próxima oportunidade de negócio.

Quando o investidor de venture capital levanta dinheiro para um fundo – digamos, cem milhões de dólares –, esse dinheiro agora está comprometido e alocado no fundo. Então, como todas as pessoas em venture capital ganham dinheiro?

Primeiro, há o que se chama *taxa de administração*, que em geral é de 2% a 2,5% ao ano do capital total alocado ao fundo, por oito a dez anos (ou 20% do total levantado). Com um fundo de cem milhões de dólares, seriam de 2 a 2,5 milhões anuais (20 milhões ao final de oito ou dez anos). É o dinheiro usado

A REAL SOBRE EMPREENDER

para gerir o fundo, pagar os salários da equipe, investir em viagens e quaisquer outras despesas complementares.

Mas onde os investidores de venture capital realmente ganham dinheiro é o que se chama *carry* (coparticipação que funciona como taxa de performance). Se continuarmos com o exemplo do fundo que levantou cem milhões, vamos agora imaginar que todos os investimentos daquele fundo tenham gerado retorno total de trezentos milhões. Nesse caso, cem milhões voltariam aos investidores, mas aí os operadores do fundo ganhariam, em geral, 20% do *carry* e, aqui, ele seria calculado sobre o lucro de 200 milhões. Então, os sócios (e talvez os associados que tinham algum incentivo) acabariam ganhando 40 milhões.

Para ser honesto, embora seja assim que funciona e como os investidores de venture capital ganham a maior parte de seu dinheiro, não acho que o modelo de taxa de administração seja ideal. O problema, na minha opinião, é que alguns investidores tentam levantar fundos altos apenas para coletar o máximo de dinheiro possível com essas taxas. A longo prazo, acho que essa estrutura pode mudar. Contudo, até aparecer um modelo melhor, é assim que o mundo funciona.

Claro, quando um fundo distribui dinheiro, também precisa garantir que seus investimentos estejam indo bem. O objetivo do venture capital é aumentar o valor desses investimentos para levantar o próximo fundo. E, para levantar o próximo fundo, eles precisam mostrar que têm posicionamento promissor em empresas que estão crescendo aceleradamente. O que nos traz a algo chamado direito de preferência *pro rata*, que ajuda investidores a otimizarem seu retorno. A vida de um fundo é em torno de sete a dez anos. O que costuma acontecer é que o investidor pega os cem milhões que levantou para o fundo

O "O QUE" **235**

e reserva de 40% a 60% para "emissão secundária de ações" (em inglês, *follow on*), ou seja, não incluem esse dinheiro nos investimentos iniciais. Aí, enquanto uma empresa do portfólio levanta rodadas adicionais de capital, tipicamente o fundo usa parte dessa reserva de dinheiro para manter sua participação acionária por meio de um *pro rata*. Outro elemento importante é que fundos de estágios iniciais fazem várias "pequenas apostas" em startups. Assim, mais tarde, quando já conseguem identificar aquelas que são mais bem-sucedidas, usam seus direitos de *pro rata* para colocar mais dinheiro nelas. É uma forma de gerenciarem riscos: mais dinheiro vai para as melhores empresas.

Pense assim: se alguém comprar 20% de uma empresa, os fundadores têm 80%. Mas aí, se vem outra rodada de investimento e outra pessoa compra 20%, esses investidores iniciais que possuíam 20% agora estão diluídos em 20% e só possuem 16%. Claro, a participação dos fundadores também é diluída. O *pro rata* dá ao investidor que ficou com 16% o direito de investir o valor equivalente a 4% na rodada de captação seguinte, para manter seus 20% de participação.

Como fundador ou fundadora, você precisa aceitar ter parte menor de uma torta maior. Admito, é algo que eu mesmo tive dificuldade de aceitar. Quando começamos o Viva Real, Thomas e eu éramos donos da empresa. Conseguimos alguns investidores-anjo e tivemos de nos perguntar: queremos continuar tendo e controlando a maior parte do negócio? É uma pergunta difícil.

Com os investidores de venture capital, porém, é bem claro: eles não querem ver sua participação diluída com rodadas adicionais de investimento. Então, o que tende a acontecer – em especial quando é um investimento muito atrativo – é que a maioria deles vai querer manter o *pro rata*, reservando parte de seus fundos para capital *follow on*.

Investidores de venture capital usam *pro rata* para ajudar a manter sua participação em grandes empresas.

Como fundador ou fundadora, tudo isso é muito importante saber e entender. Com qualquer investidor de venture capital com que esteja potencialmente se envolvendo, você sempre deve olhar de perto e fazer perguntas como: "Qual é o status do fundo?", "Quanto capital ainda está sobrando no fundo?", "Eles terão dinheiro para investimentos *follow on*?", "Estão começando agora o fundo?" e "Eles têm capital já comprometido no fundo?". Fazer essas perguntas envia um sinal positivo de que você entende esse mundo. Bons investidores vão responder de maneira aberta e confiante.

Muitos fundadores não percebem, mas investidores podem considerar investir em sua empresa antes de realmente reunir o capital. Em especial os fundos mais novos – talvez o primeiro, para alguns gestores de fundo – estão procurando empresas que possam mostrar a eles que têm acesso a bons negócios. Isso lhes permite levantar dinheiro dos LPs. É por isso que é essencial entender o status do fundo: você não quer ter de esperar o investidor reunir o dinheiro para investir em você.

Outro aspecto surpreendente do mundo de venture capital que muitas pessoas desconhecem é quanto os retornos são concentrados. Se há 25 empresas de portfólio em um fundo, de 80% a 90% do retorno provavelmente virá de só uma ou duas das principais.

Na realidade, a maioria dos investidores de venture capital não tem bons retornos. É difícil ser bom nesse jogo. Boa parte das empresas de um portfólio também não tem sucesso enorme, mas algumas, sim, e é dessa forma que pagam as contas. É um negócio de perdas. Para os investidores, o retorno vem assim: se eles colocam cem milhões em 25 investimentos, desses 25, cinco provavelmente não vão vingar e quinze são empresas zumbis que nunca dão lucro.

São os cinco remanescentes que têm de fazer todo o trabalho e mais, mas em geral tudo depende de um ou dois grandes vencedores.

Também depende de em que estágio está o investidor. Esses números supõem que tenham chegado à Série A. Se for um fundo de capital-semente, porém, pode ser ainda pior. Investidores de estágios finais terão menos risco, mas os múltiplos são mais baixos.

O QUE OS INVESTIDORES BUSCAM EM UMA EMPRESA?

A psicologia dos investidores de venture capital é fascinante. Ao fazer um *pitch* de vendas a um deles, uma empresa pode parecer ter tudo a seu favor: um negócio muito interessante e que está crescendo bem, mas o investidor ainda determinar que o tamanho do mercado é pequeno demais para o negócio se tornar uma empresa de um bilhão de dólares.

Para a economia funcionar para um investidor, ele precisa ter uma tese: que há uma forma de a empresa ser muito grande. O motivo pelo qual isso é essencial para ele é matemática simples: como vimos, a probabilidade e a experiência passada mostram que nem todos os seus investimentos vão funcionar. Longe disso. Então, a cada investimento que faz, a mentalidade sempre precisa ser que aquele vai ser substancial a ponto de cobrir os outros.

Faz sentido, mas significa que, muitas vezes, há ótimos negócios que os investidores de venture capital deixam passar porque não se percebe a capacidade de ficarem grandes o bastante.

Investidores buscam, ainda, qualidades diferentes em uma empresa com base no estágio em que ela está. Por exemplo, quando estão analisando uma empresa em estágio inicial, a *equipe* é importante. Mas aí, na Série B, *tração* e *crescimento* viram o nome do jogo.

Agora que eu mesmo sou investidor, entendo muito melhor como os investidores de venture capital veem as empresas e tomam decisões sobre investir ou não nelas. Sei que só invisto em negócios sobre os quais realmente *entendo* e nos quais consigo ver formas de ajudar. Claro, também preciso ser convencido de que podem ser verdadeiros líderes no mercado em que operam.

Além disso, procuro empresas que estão resolvendo com sucesso pontos de atrito locais. Com isso, quero dizer aquelas que só podem ter sucesso se o time operar na América Latina e construir o negócio naquela região. Claro, depois que você vira líder de mercado no Brasil e tem muito sucesso, pode procurar expandir para a Europa ou os Estados Unidos, ou outro lugar. Como investidor, adoraria ver e ser parte disso. Mas, a princípio, preciso ver que você pode vencer em seu mercado. É o que você sempre tem que provar.

Comento isso para fornecer um pouco de insight sobre a mente dos investidores e os tipos de modelos de negócio em que eles (e eu) gostam de investir. Por exemplo, invisto em

[...] MUITAS VEZES, HÁ ÓTIMOS NEGÓCIOS QUE OS INVESTIDORES DE VENTURE CAPITAL DEIXAM PASSAR PORQUE NÃO SE PERCEBE A CAPACIDADE DE FICAREM GRANDES O BASTANTE.

240 A REAL SOBRE EMPREENDER

muitos *marketplaces* e plataformas bem parecidas com o Viva Real, empresas cujos modelos de negócio dependem de ter acesso a ou contato direto com os clientes (no caso do VR, corretores e imobiliárias). Para fundadores que estão sentados no Vale do Silício ou em Nova York, é bem mais difícil construir um negócio assim.

Veja, por exemplo, empresas *fintech*. Por definição, são muito locais. Há muitos processos e integrações criados exclusivamente com parceiros locais, para não mencionar um monte de problemas regulatórios que precisam ser compreendidos e resolvidos.

As *fintechs* são bem mais atrativas para investimento que, digamos, uma rede social ou um mecanismo de busca. Negócios assim são pura tecnologia, e você pode fazer isso de qualquer lugar do mundo. Sempre que vejo um *pitch* de vendas de alguém tentando criar uma rede social no Brasil, passo. Como construir um negócio defensável desses contra *players* grandes na mesma área em outro lugar?

Em minhas conversas com Nico Szekasy, da Kaszek, ele afirma: "*Somos* atraídos por empresas que fazem coisas como processos de folha de pagamento ou contabilidade fiscal, porque tendem a ter natureza muito local. Em contrapartida, se alguém quer produzir, digamos, uma ferramenta de produtividade, isso não nos interessa muito – é difícil demais ver como vão competir com um time construindo a mesma coisa em outro lugar".

No que diz respeito ao Brasil, investidores de venture capital estão procurando investir em tipos de empresas que podem vencer na *região* e que não precisam competir com *players* no restante do mundo.

O "O QUE" **241**

Se você está tentando entender a psicologia de investidores de venture capital e no que estão procurando investir, obviamente ajuda olhar em que já investiram. Fundadores dão uma espiada em um fundo em particular e veem que ele investiu no Mercado Livre ou no Nubank e concluem que o fundo deve ser bom. É uma abordagem inteligente. Todavia, para o bem ou para o mal, também alimenta algo chamado círculo *virtuoso*, que se refere a como os melhores fundos, que estão nos melhores negócios, tendem a atrair os melhores fundadores. O problema aqui é como isso cria uma espécie de profecia autodecretada: ótimos investimentos atraem outros investimentos melhores – e é assim que os investidores de venture capital conseguem os melhores negócios.

O círculo virtuoso pode ser bom ou ruim, dependendo de onde você está na hierarquia. No entanto, não importa quem você seja, tem o direito e a capacidade de olhar de perto os fundos e avaliá-los assim como eles avaliam você.

Em especial em casos em que um investidor está competindo por um negócio e há múltiplos investidores interessados em uma empresa, os fundadores podem investigar a história de um fundo específico, e muitas vezes o fazem. Podem ver que o investidor fez parte de certo negócio com uma empresa muito bem-sucedida e que esse conhecimento pode, definitivamente, influenciar de quem o fundador aceitará dinheiro. Quando a empresa estiver procurando levantar mais capital lá na frente – ou até atrair funcionários –, as pessoas verão que esse ou aquele fundo investiu na empresa dele. Vira um selo de aprovação.

Por fim, quando novos investidores entram – após os investidores de estágio inicial, há investidores de capital de crescimento Série A, B e C que investem depois –, há um efeito de viés positivo se um fundo importante já tiver investido em você. Serve como sinal para outros fundos de que você é bom(a). Então, faça a lição de casa e procure o histórico do fundo para ver em quem ele investiu antes. No que diz respeito a fazer *pitches* para investidores de venture capital, realizar sua pesquisa é parte crucial do processo.

Conhecimento é poder, e, agora que você entende o modelo financeiro de como esses fundos operam e ganham dinheiro, é fundamental se educar também sobre os diferentes tipos de fundos.

TIPOS DE FUNDOS

Vamos falar deles um a um.

Depois dos investidores-anjo, sobre os quais já discutimos, há o que se chama micro VC, que, em geral, é um fundo-semente bem pequeno. No Brasil, o fundo de uma micro VC provavelmente seria de cinco a quinze milhões de dólares. É para o capital-semente que entra no negócio nos estágios mais embrionários (pré-semente e semente), e muitas dessas micro VCs são criadas e geridas por ex-empreendedores que saíram e fizeram investimentos-anjo.

Em seguida, há *fundos-semente* (*seed funds*, em inglês), que, no Brasil, podem ir de dez a cinquenta milhões de dólares. Em geral, investem em rodadas-semente e, ocasionalmente, na Série A. Costumam ser o primeiro dinheiro institucional a entrar, o capital inicial. Após investir em uma rodada-semente, talvez exerçam seu direito de preferência *pro rata* – e, vez ou outra, entrem em uma rodada Série A.

Depois disso, há o que chamamos *fundos de estágios iniciais* (*early-stage funds*, em inglês), que, em geral, são fundos de Série A (às vezes, fazem Série B).

Aí, há os *fundos de estágios intermediários* (*mid-stage funds*, em inglês), também chamados "investidores de capital de crescimento".

Por fim, há os *fundos de estágio final* (*late-stage funds*, em inglês), mais bem descritos como investidores pré-IPO, muitas vezes fundos de *hedge* ou fundos de *private equity*, ou também de capital de crescimento. Essa parte do ecossistema de fundos tem visto bastante convergência nos últimos anos, já que investidores *late-stage* têm investido mais cedo em startups, enquanto investidores *early-stage* levantam fundos maiores (como mencionado) para participar de rodadas de captação mais adiante.

Esses são os diferentes fundos detalhados em termos de porte, ou seja, o bolo geral que têm para usar. Mas e o porte dos cheques, ou a quantidade de dinheiro que costumam investir em uma empresa individual?

Em micro VCs, os investimentos podem ir de cinquenta mil a quinhentos mil dólares. Investimento-semente vai de quinhentos mil a 1,5 ou dois milhões de dólares. Fundos de estágio intermediário e final, por sua vez, costumam assinar cheques mais gordos. Sempre há acordos fora de série, que fogem dos padrões em cada estágio.

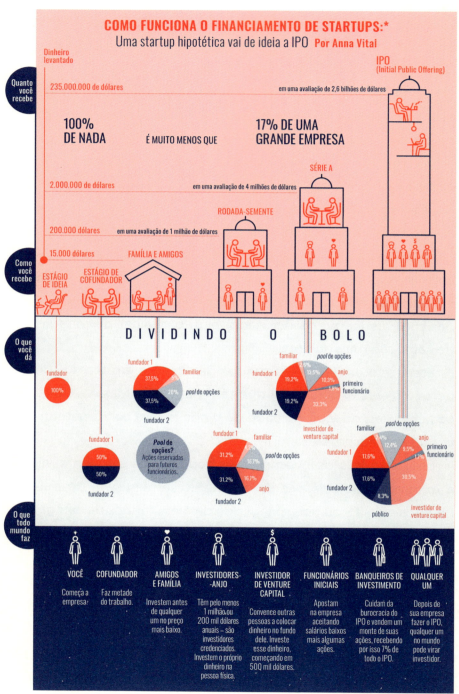

Depois de sua empresa fazer o IPO, qualquer um no mundo pode virar investidor.

Essas são as categorias de fundos em um ecossistema de risco.

Mas e os investidores internacionais?

INVESTIDORES INTERNACIONAIS

A maioria dos investidores internacionais que olha para o Brasil é dos Estados Unidos e da Europa, com interesse mais recente da Ásia, da China em particular. Esses investidores ficam meio de soslaio e esperam ver no que os investidores locais estão investindo.

No caso de investidor institucional – alguém sentado à mesa no Vale do Silício ou na Sand Hill Road, ou em algum lugar de Manhattan –, é provável que tenha pouquíssimos investimentos no Brasil. É bem possível, portanto, que aceite a indicação de um investidor local, como a Monashees e a Kaszek. (Prezando pela transparência: ambos investiram em minha rodada de Série A.)

Boa parte dos investidores institucionais também buscam seguir não só qualquer fundo local, mas os *melhores*, com as reputações mais fortes. É assim que o fluxo costuma funcionar. Mas nem sempre. Por exemplo, A Andreessen Horowitz (conhecida como a16z) fez alguns investimentos no Brasil sem qualquer investidor local. Depois disso, todo mundo quis entrar no bonde, porque a a16z tem uma reputação incrível. O que, como vimos, é a atração de ter um fundo de primeira linha: adiciona credibilidade ao negócio.

A REAL SOBRE EMPREENDER

Por certo, a maioria do capital de Série B e C vem do exterior. Não há um ecossistema forte o bastante no Brasil para apoiar o capital de crescimento, mas isso está mudando rápido. Embora o capital de crescimento ainda venha predominantemente dos Estados Unidos, nos próximos anos acredito que veremos mais fundos de crescimento surgindo no Brasil e investimentos mais pesados da China, como evidenciado pela Didi na aquisição da 99.

Em geral, investidores internacionais gostam de coinvestir com ou seguir um investidor local.

PSICOLOGIA SOBRE LEVANTAR CAPITAL – E EM RELAÇÃO AOS INVESTIDORES

Digamos que você seja um fundador ou uma fundadora que acaba de levantar o primeiro capital. Que bom! O que eu diria é "Parabéns, o trabalho real começa agora". As pessoas gostam de comemorar quando levantam dinheiro, mas, na verdade, apenas significa que agora você tem um monte de responsabilidade a mais. A pressão aumentou, e está nas suas costas entregar os resultados.

Quando recebemos nosso primeiro investimento externo, perguntei a Thomas como ele queria comemorar. A resposta: McDonald's. Quase nunca como no McDonald's, mas abri uma exceção naquele dia. Isso mesmo: acabamos comemorando nosso financiamento com Big Macs. Fico contente de não termos pirado com champanhe e charutos. Esse tipo de comemoração é prematura. A realidade é que, quando você está começando e recebe o primeiro financiamento, é menos

AS PESSOAS GOSTAM DE COMEMORAR QUANDO LEVANTAM DINHEIRO, MAS, NA VERDADE, APENAS SIGNIFICA QUE AGORA VOCÊ TEM UM MONTE DE RESPONSABILIDADE A MAIS.

248   A REAL SOBRE EMPREENDER

motivo de comemoração e mais sinal de alerta. O que quer mesmo dizer é que todo o trabalho *está por vir*.

Não digo isso para parecer chato ou *hater*. Tudo bem se dar um tapinha nas costas por um segundo, mas deve mesmo ser apenas um segundo, e aí você volta ao trabalho – porque tem *muita* coisa agora à sua frente.

Acabou de receber o primeiro financiamento? Parabéns, o verdadeiro trabalho começa agora!

Quanto aos novos investidores, eu o encorajo a sempre se lembrar de que são seus investidores, *não seus amigos*. Não se envolva emocionalmente com os investidores. É fácil confundir. Vi várias vezes: quando você é a empresa do momento, recebe todo o amor e a atenção dos investidores. Eles o tratam muitíssimo bem, e pode ser bom. Contudo, você precisa se lembrar de que seu relacionamento depende fortemente de como o negócio está indo. Se ele não for bem, você pode esperar que a relação com os investidores seja mais conturbada. Sou grato por, em alguns casos, ter desenvolvido algumas amizades verdadeiras com os meus, mas não é o padrão.

O que o torna o queridinho do momento é quão promissor ou bem-sucedido você é. Ou (a) há a esperança de que você vá ser muito grande porque está indo muito bem e crescendo, ou (b) você já é muito grande e, portanto, valioso para os investidores.

Nos dois cenários, todos ficam felizes. O fundador e o investidor. O que percebi, porém, é que os melhores investidores mostram sua grandeza em como se comportam em tempos difíceis.

Sendo eu mesmo investidor, o que sempre tento fazer é não deixar minhas emoções levarem a melhor. Lembro-me de que, não importa como eu esteja me sentindo, o fundador, quase com certeza, está pior e passando por algo ainda mais difícil.

Claro, quando o negócio de um fundador (em que investi) está tendo dificuldade, naturalmente também me decepciono. Não é divertido para ninguém. Mas ajuda ter estado dos dois lados da situação. Por exemplo, tive um investidor que acabou colocando dinheiro no Viva Real em novembro de 2014, e, como você provavelmente se lembra, por acaso era uma época em que o dólar estava destruindo o real. O cara investiu trinta milhões de *dólares* (a quantia total da rodada foi 41,3 milhões de dólares), e o investimento foi ótimo para a empresa por ser em dólares. Ao mantê-lo em dólares e, a certo ponto, convertendo para reais, aumentamos drasticamente nossa quantia. Mas isso também afetou para pior o retorno do investidor. A empresa estava avaliada em dólares na época do investimento com base em nosso crescimento e receita em reais. Quando o real começou a enfraquecer, isso fez com que nossa receita (ao ser calculada em dólares) decrescesse. Houve um período de vários anos em que a moeda erodiu a receita que produzíamos em reais. No fim, apesar do crescimento do negócio em reais, seu valor total em dólares não aumentou. O investidor ficou compreensivelmente decepcionado – mas tentar prever o momento das flutuações de moeda é impossível.

O momento foi ruim. Mas a questão da conversão era só uma parte. A verdade é que não tínhamos tido um desempenho muito bom. Se tivéssemos tido desempenho acima do esperado, poderíamos ter compensado a desvalorização do *real* e aumentado o valor da empresa. Infelizmente, por cinco anos em que esse investidor esteve com o dinheiro lá, não foi o que aconteceu. Em vez disso, o valor da empresa se manteve mais ou menos o mesmo.

Se se tratasse de um investidor mais novo, sem tanta experiência, ele poderia ter reagido de maneira mais emocional – porque estaria preocupado em captar o próximo fundo.

É por isso também que fundos de estágios mais iniciais não bem estabelecidos sentem a pressão de superprecificar seus investimentos – o que pode ser um verdadeiro problema para um fundador. Levantar todo esse dinheiro pode parecer bom no início, mas, no fim, cria complicações para o negócio.

É um sistema meio falido, sinceramente.

Como você deve se lembrar, a forma como funciona é que os investidores costumam levantar seu primeiro fundo com base no potencial dos primeiros investimentos. O segundo fundo, em geral, tem mais a ver com como as empresas realmente estão se saindo. Mas, nesse ponto, no segundo fundo, um investidor ainda não teve nenhuma saída. E só pode levantar o terceiro fundo se tiver algumas saídas ou algumas empresas extremamente promissoras no portfólio.

Resumindo: quando os negócios em que ele está investindo não estão indo muito bem, pode ser algo bastante emotivo para o investidor – porque ele não consegue levantar mais dinheiro. Em vez disso, começa a perder força.

Felizmente, com o investidor que teve prejuízo por causa da desvalorização da moeda local, não era a primeira vez dele, então conseguiu manter uma boa perspectiva e não reagir emocionalmente.

Mesmo assim, é importante lembrar que *todos* os investidores vão se tornar mais difíceis quando a empresa não estiver indo bem.

O sinal de um bom investidor é alguém que permanece calmo durante a tempestade.

Conheço fundadores que tiveram algumas experiências bem ruins com investidores. Como mencionado no capítulo 7, alguns investidores aparecem nas reuniões de conselho e ficam ao telefone ou nada ouvem. Embora essas pessoas não saibam muito do negócio, tentam aparentar conhecimento e parecer, de modo irritante e indesejado, inteligentes.

Felizmente, vi pouquíssimo desse tipo de comportamento em minhas próprias relações com investidores. Na realidade, sempre tive ótimos investidores e fui muito feliz com eles, na maior parte.

Ainda assim, já tendo passado por isso algumas vezes, vi que, como grupo – isso não é real sobre todos, mas sobre muitos –, vários investidores não têm pensamento muito independente. Tendem a comportar-se como ovelhas. São muito orientados ao impulso: querem saber quem mais está investindo na empresa para poderem pular no bonde e aproveitar o impulso.

Os melhores investidores, porém, desenvolvem a própria tese e ficam com ela. Às vezes, podem deixar passar um negócio que não se encaixa no que acreditam, mas isso lhes permite desenvolver mais disciplina, pois têm claridade sobre o tipo de empresa, fundador ou mercado que priorizam.

Todavia, poucos investidores têm esse tipo de autoconsciência. Em geral, não têm opinião própria sobre as coisas. Agora sou investidor e vejo como é difícil. Eles estão muito ligados aos *próprios* investidores (LPs) e sempre precisam justificar os investimentos feitos. Nesse contexto, é compreensível não querer arriscar o pescoço – mas os melhores investidores arriscam.

Lembro-me de que há muito tempo eu estava tentando levantar capital com um fundo de *hedge* de São Francisco. Falei com trinta investidores, e todos disseram não. Mas o que tirei daquela experiência, no fim – e foi uma lição que hoje tento ensinar o tempo todo aos fundadores –, foi que <u>investidores não sabem tudo</u>.

Não que aqueles trinta investidores estivessem errados de nos rejeitar. Sim, tínhamos um negócio interessante, mas muitos deles simplesmente não acreditavam que éramos capazes de ter sucesso. Ou isso, ou não percebiam a oportunidade de mercado.

E eis o que é importante – *tudo bem* eles não perceberem.

Muitos investidores não viram o Airbnb por muitos anos. Passaram porque não lhes fazia sentido. Essa é a verdadeira lição aqui. <u>Validação de investidores não é tudo.</u> Sim, é fundamental para velocidade. Mas os *clientes* também o validam comprando seu produto – o que, por sua vez, fornece validação aos investidores.

Há vários tipos de razão para um investidor lhe dizer não. Pode apenas ter a ver com o momento do fundo dele. Ou, sim, pode ser que ele não esteja interessado, ou ainda não tenha visto o que precisa ver em você e sua ideia. Talvez ele queira esperar até você mostrar mais progresso. Talvez queira que você monte um time mais forte.

<u>Só porque um investidor diz não, não se desencoraje e pense que acabou.</u>

Com cada rejeição, você aprende mais sobre o mundo do venture capital e sobre como se posicionar melhor para conseguir o financiamento de que precisa. Levantar capital é um processo iterativo em que você aprende a cada *pitch* feito. Evolui constantemente seu *pitch* e refina sua mensagem.

No próximo capítulo, você vai aprender a como chegar preparado para negociar o melhor acordo.

COM CADA REJEIÇÃO, VOCÊ APRENDE MAIS SOBRE O MUNDO DO VENTURE CAPITAL E SOBRE COMO SE POSICIONAR MELHOR PARA CONSEGUIR O FINANCIAMENTO DE QUE PRECISA.

CAPÍTULO 10

O "COMO"

Como mencionado na Introdução, da primeira vez em que recebi um *term sheet*, nem sabia o que queria dizer nenhum dos termos. Precisei olhar na Wikipédia! Esse era o tanto que eu era novato.

Mas eu sabia que o *term sheet* era *importante*. O *term sheet* é a planta do negócio em termos de financiamento futuro e sua relação com o investidor. Detalha os termos mais críticos da documentação e explica como o acordo vai funcionar. Embora não tenha valor legal até ser transformado em contrato por um advogado – as pessoas podem cair fora antes de os documentos finais serem assinados, e fazem isso (apesar de ser raro) –, obviamente o *term sheet* ainda é muito sério e deve ser feito direito!

Meu problema era que eu não tinha ideia do que de fato havia ali. Quais eram as partes mais importantes, os termos-chave que eu deveria negociar? Eu não fazia ideia, e minha ansiedade estava nas alturas. Mostrei o *term sheet* a um amigo que, na época, era advogado júnior. Ele ajudou como podia, mas, basicamente fiquei agonizando e gastando incontáveis horas sem necessidade, pesquisando cada termo e me apegando a um monte de coisa com que não precisava me preocupar.

Lembro-me de ficar obcecado com "direitos de registro", "condições precedentes ao financiamento" e "direitos de informação". No fim, descobri que isso era insignificante, apenas o jargão-padrão dos contratos – mas, na época, pareciam muito assustadores!

Por exemplo, não sei dizer quanto surtei com os "direitos de registro". O que isso quer dizer? Quase nem vale a pena explicar: nos Estados Unidos, é preciso registrar a venda de ações na Comissão de Títulos e Câmbio (SEC, na sigla em inglês), para poderem tornar-se líquidas e serem negociadas livremente. Apenas a empresa pode fazer esse registro. Direito de registro só se refere aos direitos dos investidores de exigirem que a empresa registre suas ações em um IPO ou depois, quando houver um mercado público para elas. Mas quase não é preciso dizer. É uma parte do processo completamente padrão e tediosa – trancar as ações em um IPO e dar aos investidores certos direitos de determinar o IPO de uma companhia –, mas algo que se vê em todos os *term sheets* (e quase nunca colocado em prática).

Veja, não há nada errado em aprender sobre coisas como direitos de registro – se é o que você curte (cada um sabe de si!) –, mas não perca o sono com isso.

No que diz respeito a *term sheets*, há duas áreas com as quais você precisa se preocupar: <u>economia</u> e <u>controle</u>.

ECONOMIA

Aquilo com que os investidores mais se preocupam – e você também deve pensar assim – é a economia, ou seja, quanto dinheiro está sendo investido e a avaliação de valor da empresa, ou *valuation*.

Vamos falar, primeiro, sobre *valuation*. Como ele é determinado, para começar? Há inúmeros fatores, mas depende demais da fase da empresa. Uma empresa madura determina seu valor fazendo fluxos de caixa descontado e criando um modelo como múltiplos de lucro ou Ebitda (lucros antes de juros, impostos, depreciação e amortização).

Em uma empresa em fase inicial, não há equação: seu *valuation* depende de quantas pessoas querem investir, quanta experiência têm os empreendedores, quão bom é o time e qual o tamanho do mercado e da oportunidade.

Em geral, é o fundador que, a princípio, tenta definir o preço. Você deve se lembrar de que, quando abordei Simon para investir, ele me deixou de mãos abanando. Foi porque eu estava tentando levantar um milhão de dólares a um *valuation* de seis milhões – e esses valores não faziam sentido na visão dele.

Ferrei tudo naquele dia. Mas nunca se sabe. Por exemplo, a Loft, no Brasil, levantou dezoito milhões de dólares logo no início, como se não fosse nada, com base em uma apresentação de PowerPoint. Eles sabiam que era agressivo, mas também *sabiam* que precisavam desse nível de financiamento. Como estão no mercado imobiliário e seu negócio envolve comprar imóveis, toda a premissa exigia muito capital. Com esses parâmetros, os fundadores Mate e Florian sabiam que precisavam ser agressivos no pedido – e o plano funcionou para eles. Ambos também, por acaso, eram fundadores de segunda viagem, o que ajuda na credibilidade, e alguns dos melhores executores no Brasil.

258   A REAL SOBRE EMPREENDER

É claro, o truque é não ir tão longe a ponto de o investidor desistir, como fiz com Simon no início, nem cavar a própria sepultura mais adiante. Você tem de descobrir qual é o ponto ideal. Em geral, acho má ideia levantar muito dinheiro cedo demais, com avaliação alta demais. Em vez disso, você quer levantar dinheiro o bastante para se segurar apenas pelos próximos dezoito (ou, no mínimo, doze) meses.

Óbvio, depende de qual é seu tipo de negócio, mas a fórmula que recomendo a você que está levantando dinheiro é calcular os custos para os próximos dezoito meses e aí adicionar 20%-30% em cima. Você precisa ter um amortecedor para imprevistos.

No financiamento em estágios, esse dinheiro é o semente. Mas, conforme você passa por seu ciclo de dinheiro – quando tem, digamos, nove meses sobrando –, pode sair e levantar *mais*. Depois de nove meses, com sorte, você terá provado certos aspectos do negócio; conseguiu mostrar que pode crescer e que o cliente gosta do que você está vendendo (está curtindo seu produto). Você usa essas métricas para levantar mais dinheiro, mas *não* espera até ficar sem caixa.

Essa é uma abordagem bem melhor, na minha opinião, que levantar um monte de dinheiro a um *valuation* superalto desde o início. Quando começa queimando a largada assim, você precisa mostrar um crescimento inacreditável. Essencialmente, está levantando dinheiro com o prospecto do que vai construir – e, se entregar menos, pode ter que fazer uma *down round*, ou seja, levantar capital a um *valuation* mais baixo que o equivalente à última rodada de captação. Não é o fim do mundo, mas uma *down round* pode ser bem desafiadora para um negócio em fase inicial, porque é sinal de que a empresa desacelerou.

EM UMA EMPRESA EM FASE INICIAL, NÃO HÁ EQUAÇÃO: SEU *VALUATION* DEPENDE DE QUANTAS PESSOAS QUEREM INVESTIR, QUANTA EXPERIÊNCIA TÊM OS EMPREENDEDORES, QUANTO O TIME É BOM E QUAL O TAMANHO DO MERCADO E DA OPORTUNIDADE.

260 A REAL SOBRE EMPREENDER

Vou dar outro exemplo. Tenho uma empresa chamada Aptuno, que fundei com uns caras na Colômbia. É um negócio de aluguel de imóveis on-line. Ao tentar descobrir quanto dinheiro precisávamos levantar, fizemos uma planilha com todos os cargos para os quais queríamos contratar – sabíamos que precisávamos de *tantos* engenheiros, pessoas de produto, de atendimento ao consumidor e mais – e os custos dessas contratações. Mapeamos nossas necessidades iniciais e adicionamos 20%-30% de gordura. Nosso objetivo era executar o plano por doze a dezoito meses. Mas sabíamos que, com boa tração nos primeiros seis a nove meses, talvez fôssemos levantar mais com base nos resultados iniciais. Especialmente se soubéssemos que iríamos precisar de um pouco mais de tempo para executar o plano, talvez tivéssemos tentado levantar mais capital para ter um *runway* extra.

Você sempre precisa garantir que tem pelo menos doze e provavelmente dezoito meses de *runway*. É assim que determina quanto dinheiro quer levantar. Em alguns casos – por exemplo, se for um empreendedor muito experiente ou se o mercado estiver inflado –, talvez você queira levantar um pouco mais. Mas a equação de dezoito meses de *runway* é uma boa regra de ouro geral. Quando tiver algum dinheiro e seu *runway*, lembre-se de que a parte importante de *runway* é *run* – ou seja, você precisa correr muito para fazer acontecer!

O que você não quer, claro, é ficar sem dinheiro. Fundadores costumam ser otimistas e, portanto, subestimam com frequência de quanto dinheiro necessitam e quanto tempo vai levar para chegar ao próximo marco. Você sempre precisa se perguntar: Qual é o equilíbrio certo? Como pode garantir sucesso e maximizar a probabilidade de construir algo valioso?

Diluição é um tema sensível à maioria dos fundadores, e, embora 1% ou 2% extra de diluição (ou mesmo 10%) não façam grande diferença, já vi muitos fundadores, sobretudo no Brasil e na América Latina, venderem 50% de seu negócio a investidores de fase inicial. É um grande erro: vai matar instantaneamente quase todo o processo de captação futuro com investidores de VC.

De novo, no que diz respeito ao *valuation*, certifique-se de ter um mínimo de doze a dezoito meses de capital, com base em seus custos. Se você acha que precisa de um milhão de dólares, deve levantar 1,5 milhão. Não vai se arrepender de ter um dinheirinho extra: isso vai lhe dar margem útil para aquela contratação extra ou aquela mudança ou problema inesperados que provavelmente surgirão.

Tenha em mente que outros fatores específicos também podem afetar a avaliação, como a força do mercado no setor em particular. Por exemplo, se *fintechs* estão em alta no Brasil, isso faz as avaliações subirem. O mesmo vale para quando há um clima econômico forte no geral: por exemplo, 2019 foi muito bom no Brasil, portanto houve rodadas de financiamento mais altas que no passado. Obviamente, isso mudou em 2020, mas, mesmo após a covid-19, há ventos favoráveis para setores da economia que se beneficiam de tendências de digitalização.

No entanto, o fator número um no *valuation* da empresa sempre foi – e ainda é – o crescimento.

PRE-MONEY VERSUS POST-MONEY

Muitas vezes, empreendedores ficam confusos com o *valuation*, e é por isso que achei importante dar uma explicação básica de

262 A REAL SOBRE EMPREENDER

como tudo funciona e de como o valor é determinado. Todavia, no que diz respeito a *term sheets*, vejo fundadores cometerem um enorme erro de novato – em termos da economia do negócio – confundindo a avaliação *pre-money* da empresa com a *post-money*.

Pre-money é o valor em que a empresa é avaliada *antes* da entrada do novo investimento. Em outras palavras, se a avaliação *pre-money* de uma empresa é quatro milhões de dólares e o investidor está colocando um milhão, então a avaliação *post-money* será cinco milhões – e você está vendendo 20% da companhia.

Obviamente, essa distinção tem grandes implicações financeiras e é algo importante de deixar claro!

Quando um investidor vem até você e diz que vai investir 2,5 milhões de dólares sobre uma avaliação de dez milhões, pode haver uma diferença enorme em valor (e diluição), dependendo de se está sendo falado de *pre-money* ou *post-money*. Contudo, se o investidor não esclarecer e você for empreendedor(a), talvez pense: "Ah, dez milhões é ótimo" – sem perceber que a avaliação *pre-money*, na realidade, é de apenas 7,5 milhões.

Nem é preciso dizer, há grande diferença entre 2,5 milhões serem investidos sobre dez milhões *post-money* ou 12,5 milhões *post-money*. Você está falando de 5% da empresa!

Como fundador(a), você sempre precisa esclarecer se o investidor está falando de avaliação *pre-money* ou *post-money*.

Isso se torna ainda mais importante quando as negociações iniciais acontecem verbalmente, como costuma ser o caso. Você vai, faz seu *pitch*, apresenta seu *deck*: *Este é nosso negócio, este é nosso time etc.* Aí, diz algo como: "Estamos buscando levantar dois milhões sobre uma avaliação de oito *pre-money*". (Como fundador(a), você, em geral, não abre logo o valor. Em vez disso, fala algo como "Estamos *buscando levantar* dois milhões".)

Só é preciso sempre garantir que você esteja deixando a ideia clara, em especial quando está falando esses números verbalmente em seu *pitch* e não tem uma avaliação escrita no próprio *deck*.

Pre-money e *post-money* são um dos conceitos mais importantes que você precisa entender no que diz respeito à parte econômica do *term sheet*. Mas há mais alguns itens relevantes que também precisamos detalhar.

POOL DE OPÇÕES DOS FUNCIONÁRIOS

Ter um *pool* de opções dos funcionários é um fator enorme na avaliação de valor da empresa. Muitas vezes, um investidor de fase inicial vai querer investir, digamos, dois milhões de dólares em uma avaliação *pre-money* de oito milhões. Isso colocaria o negócio em dez milhões *post-money*, com ele comprando 20% da empresa. Mas ele também pode querer que você crie ou expanda o *pool* de opções. Por que isso é importante para ele? Ele está investindo na empresa e em seu crescimento futuro e sabe que, para ela ter tanto sucesso quanto ele precisa, os fundadores têm que conseguir atrair grandes talentos. Isso é incrivelmente importante: todas as melhores empresas estão contratando ótimos colaboradores. Para isso acontecer, todo mundo tem que abrir mão de um pouco de participação para atrair esses ótimos funcionários que ainda virão.

A REAL SOBRE EMPREENDER

Quando se está levantando dinheiro de investidores, eles vão querer que você tenha um *pool* de opções – mas não que você crie um *depois* de eles investirem. Por definição, um *pool* de opções dilui a participação acionária de todos os investidores existentes. Digamos que o investidor tenha acabado de comprar 20% da empresa e você possua 80%. Daqui a seis meses, quando precisar fazer algumas contratações muito importantes e for criar um *pool* de opções usando 10% da empresa, isso mostrará que você passará a ter 72%, e o investidor, 18%.

Claramente, um investidor assim preferirá investir em uma empresa que já tem um *pool* de opções para poder manter a participação de 20% na empresa e não vê-la diluída. É por isso que, quando você está fazendo uma rodada e recebendo um investimento, a maioria dos investidores vai querer que você expanda o acordo de opções como parte do negócio.

Se você já tem um, ou mesmo se está criando um partindo de uma boa posição, são negociáveis o tamanho do *pool* e se os investidores dividirão ou não a diluição com você. Talvez o investidor diga que quer um *pool* de opções *maior*. Talvez você tenha só 3% no *pool* de opções. O investidor pode dizer: "Você precisa de um CTO, vamos expandir a 10%. O negócio realmente precisa de um CTO e, para conseguir um bom, você pode precisar estar disposto a dar a ele 5% da empresa".

Falando sobre o *pool* de opções, é fundamental discutirmos vesting aqui também. Em geral, ao contratar alguém, há um *vesting* das ações. Falamos um pouco sobre isso no capítulo 3, sobre cofundadores, mas é igualmente relevante para recrutar os primeiros contratados. Digamos que você contrate um ótimo funcionário e dê a ele 1% da empresa – mas ele só

O "COMO" **265**

ganhará esse 1% com o tempo. Suponhamos que seu acordo de *vesting* seja de quatro anos no total, com um ano de *cliff* (o que é, geralmente, uma boa prática). No primeiro ano, o funcionário não recebe nada. Depois, quando chega à marca de um ano (o tal do *cliff*), isso desengatilha uma opção de 25%, que ele agora tem a opção de comprar. Mas ele não *precisa* exercê-la. Pode esperar e fazer isso quando sair da empresa. A cada mês depois que o primeiro ano é passado, ele ganha a opção de exercer 1/48 das ações, além dos 12/48 que já obteve. Então, ao final de dois anos, por exemplo, ele poderá ter 50%, ou 24/48 das ações. Apenas ao fim de quatro anos ele terá a opção de exercer 100% do 1% que lhe foi dado.

O motivo pelo qual o *vesting* é tão importante ao recrutar executivos é o mesmo pelo qual ele é importante ao começar uma empresa com um cofundador. A pessoa pode não dar certo! Digamos que você esteja contratando uma vice-presidente de engenharia e dê a ela 2% da empresa, mas aí, após seis meses, percebe que precisa demiti-la. Por causa da estrutura de *vesting*, essa pessoa não receberá nenhuma participação – porque não completou o *cliff* do primeiro ano.

Mas, outra vez, se a pessoa passar pelo primeiro ano, receberá suas opções e aí, cada mês depois disso, 1/48 de participação adicional. Após três anos, terá se qualificado para 75% de participação. Se for embora depois de três anos, em geral precisa exercer suas ações e pagar por elas em um período predefinido após a saída – mas as ações são bastante descontadas.

No Viva Real, nosso plano de opções tinha uma cláusula de que sempre que um funcionário deixava a empresa tinha um período de três meses para exercer sua opção. Em retrospecto, provavelmente deveríamos ter colocado um período maior.

A REAL SOBRE EMPREENDER

Três meses fazia sentido no início, mas, conforme a empresa cresce, o preço de exercício aumenta. "Preço de exercício" quer dizer a quantia de dinheiro necessária para comprar sua opção, e, em geral, o valor do preço de exercício é significativamente menor que o da ação da última rodada. Se você ainda não levantou capital, o preço de exercício provavelmente será alguns centavos.

Mas o principal a entender é que o *vesting* das ações é comum e algo em que o investidor pode insistir e também beneficia a empresa. O mesmo vale para *pools* de opções.

Finalmente, como fica a parte econômica se há um evento de liquidez? Em um *term sheet*, há um termo chamado preferência de liquidação. Isso significa que o último dinheiro a entrar tem "preferência" (porque a última rodada quase sempre é a maior) sobre os acionistas comuns (fundadores e time) e, frequentemente, sobre os primeiros investidores, e a forma como funciona é algo chamado cachoeira: quando um evento de liquidez acontece e você paga os acionistas, o último investimento, que tem a maior preferência de liquidação, é o que recebe o dinheiro primeiro.

Ou seja, se na última rodada de captação uma empresa de venture capital investiu vinte milhões de dólares por 20% da organização (portanto, a um *valuation* de cem milhões de dólares *post-money*) e tem preferência de liquidação, mesmo que a empresa seja vendida por oitenta milhões, essa organização vai recuperar seus vinte milhões (em vez de 20%, que seriam dezesseis milhões). No entanto, se a empresa é vendida por um *valuation* mais alto que quando o investidor investiu, a preferência de liquidação não importa, porque todo mundo tem a opção de receber de acordo com sua porcentagem. A preferência

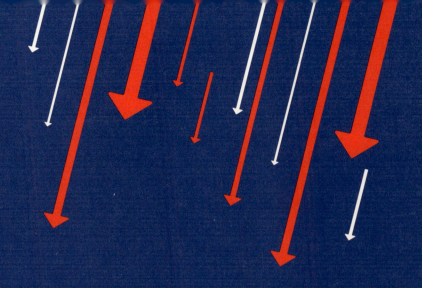

O MOTIVO PELO QUAL O *VESTING* É TÃO IMPORTANTE AO RECRUTAR EXECUTIVOS É O MESMO PELO QUAL ELE É IMPORTANTE AO COMEÇAR UMA EMPRESA COM UM COFUNDADOR. A PESSOA PODE NÃO DAR CERTO!

de liquidação é pensada como proteção ao investidor, em face a um possível cenário desfavorável.

O investidor provavelmente terá muitas exigências sobre a economia do negócio, como detalhado no *term sheet*, mas, além disso, também usará vários termos para estabelecer certo grau de *controle*, como veremos na próxima seção.

CONTROLE

Quem tem controle sobre o investimento? Quanto de participação tem o investidor? Quanto poder o investidor tem sobre o fundador e a empresa?

Há alguns termos importantes no *term sheet* relacionados a controle. Muitos deles podem ser de conhecimento de alguns leitores, mas, no Brasil, ainda há escassez de informações – e é isso que quero fornecer aqui.

Primeiro, há o que chamamos acordo de *drag along*, que protege o investidor no caso de o conselho de diretores exercer os direitos de *drag along* nas provisões protetivas. Digamos que um acionista queira vender a empresa. Se essa pessoa tiver direitos de *drag along*, pode colocar todo mundo na venda. Pode ser um problemão se alguns quiserem vender e outros, não.

No entanto, se o *investidor* tiver direitos de *drag along*, pode ser ainda mais controverso. Talvez o fundador não queira vender a empresa, mas o investidor exerce seus direitos de *drag along* para convencer todos os outros investidores dizendo: "Vamos aceitar esta oferta". É por isso que você deve prestar muita atenção a como o *drag along* é acionado e assegurar que exista equilíbrio entre os direitos dos investidores e os dos fundadores e das lideranças (nos contratos mais bem formulados, ambos os grupos são necessários para acionar o *drag along*).

Direitos de *drag along* dão ao investidor controle muito forte sobre a direção da empresa.

Há outros fatores importantes de controle. Aliás, ter um único conselho diretor é um grande fator de controle.

Como falamos no capítulo 7 sobre os conselhos, até *observadores* do conselho (que não têm direito a voto) podem ser difíceis. Se você tem no conselho um monte de gente com várias opiniões, isso não tem necessariamente a ver com controle, ao menos não literalmente – mas esses observadores ainda podem ter muita influência, para o bem ou para o mal, nas decisões e na direção da empresa.

SABENDO O QUE IMPORTA E O QUE NÃO IMPORTA

Essas são as duas áreas (economia e controle) em que investidores passarão a maior parte do tempo quando estiverem criando e negociando o *term sheet*. Claro, alguns gostam de se aprofundar nos detalhes de todos os diferentes termos, mas os mais importantes são mesmo economia e controle – e, como fundador, esses são os itens em que você realmente precisa pensar.

É fundamental para um empreendedor ter essa perspectiva sobre o que importa e o que não importa. Empreendedores menos experientes vão se esgotar e se torturar por causa dos termos diferentes – e não é apenas um desperdício de tempo, mas os distrai daquilo em que *devem* estar focados.

Certamente ajuda ter um investidor-anjo experiente no conselho ou um ex-fundador que viu muitos *term sheets* – eles sabem o que é essencial e pelo que *não* vale a pena lutar. Aliás, muitas vezes, ter essa ajuda e aconselhamento geral valem mais em um negócio em fase inicial que ter muito capital. Também é uma boa maneira de enfrentar a <u>vantagem inerente que investidores de venture capital têm sobre fundadores nessas negociações</u>. Pense nisso: para você, essa é uma transação não frequente, mas eles provavelmente já fizeram igual centenas de vezes.

É o mesmo motivo por que advogados especializados em direito de família são tão bem-sucedidos. Por exemplo, quando você se divorcia, pensa: "Caralho, não sei o que fazer". E como poderia saber? É sua primeira (ou, bem, segunda ou terceira) vez passando por isso. Mas o advogado já viu tudo antes, inúmeras vezes.

Mesma coisa com banqueiros. Eles já viram muitos negócios. Você, não.

Como superar esse obstáculo? Como compensar o fato de que o investidor é tão informado sobre a negociação de *term sheet* e você não? Orientação do investidor-anjo é uma coisa, mas você também precisa de um escritório de advocacia para ajudá-lo a estruturar o negócio.

O problema é que muitos fundadores cometem o erro de usar o escritório de advocacia dos investidores para aconselhar *sua* empresa. Não é nada bom. Você precisa ter o próprio escritório que o represente e pense no que é melhor para *você*, não para o investidor. Essa é uma parceria, e vocês devem ter uma relação de confiança desde o início, mas é inevitável que cada lado queira se proteger e proteger o negócio da forma que pensa ser melhor.

Infelizmente, muitas vezes é o mesmo escritório que cuida de tudo nessas negociações (ainda que, em termos legais, eles talvez só tenham um cliente: o investidor).

Veja, não é o fim do mundo se isso acontecer. Aliás, podem surgir outros problemas quando há dois escritórios envolvidos. Os advogados acabam esmiuçando tudo. Você precisa tentar ser o mais prático possível. Mas, em geral, recomendo usar o próprio escritório de advocacia.

A realidade é que o maior fator que você terá a seu favor (além de estar bem informado e aconselhado), e a melhor forma de contrabalançar a vantagem inerente do investidor, é entrar na negociação em posição vantajosa (ou seja, com muitos investidores interessados). Isso significa que você pode basicamente revidar quase tudo o que quiser.

Quando há muitas partes competindo por um negócio, isso se chama *deal heat* – e é a maneira de conseguir o melhor *valuation*.

DEAL HEAT E FOMO

Lembro-me de que uma vez, no Viva Real, quando tínhamos um acordo quente, fiz algo não muito típico, mas ousado e eficaz. Foi um conselho que recebi de um dos meus conselheiros, Greg Waldorf. Em uma negociação típica de *term sheet*, o que acontece é que o investidor lhe manda o documento com seus termos e você responde. No entanto, como era uma negociação muito competitiva e queríamos garantir que iríamos conseguir os termos que desejávamos, pedimos ao *nosso* advogado que redigisse o *term sheet*. Então, o enviamos ao investidor e dissemos a ele que só preenchesse as lacunas sobre dinheiro.

Estou compartilhando essa história aqui com um forte alerta: não recomendo tentar isso a menos que tenha uma negociação *muito* competitiva. Se tiver, e se o investidor estiver muito animado com o negócio, não vai ser um problema. Ele não vai se irritar. Contudo, se não tiver certeza total, não faça. Você definitivamente corre o risco de parecer arrogante. Em essência, está dizendo: "Não vamos negociar, é assim que o negócio *vai* ser, aceite ou não".

É claro, o investidor pode não seguir suas instruções e, em vez disso, corrigir seu *term sheet* e fazer um novo esboço dos termos de que ele não goste. Mas, se tiver múltiplos investidores que realmente queiram investir em você, tem a vantagem e pode deixar que eles joguem entre si até aumentar o valor do acordo. De novo, isso se chama *deal heat* e é ótimo para fundadores. No entanto, mesmo que você tenha sorte o bastante de estar nessa situação, ainda deve ter cuidado com potencialmente perder um investidor existente insistindo demais. Tenha em mente que também há o risco de criar uma armadilha para o fracasso na próxima rodada, com expectativas altas demais que não sejam supridas.

E lembre-se sempre de que o *valuation* não é tudo. Sim, você quer tentar maximizar os termos, mas também há circunstâncias em que é inteligente ceder este ou aquele termo desejado para poder seguir com um fundo com reputação superior e ter uma relação de mais longo prazo. Além disso, pode ser *mais* importante – ainda mais que o próprio fundo – conseguir um

O "COMO" **273**

parceiro em especial no conselho. A verdade é que você encontrará alguns parceiros excelentes em fundos de venture capital menos conhecidos ou com menos reputação, e encontrará, igualmente, parceiros medíocres em fundos de venture capital de primeira linha. Sempre aconselho aos fundadores que tentem o máximo possível conseguir que os sócios gerais (GPs), e não os associados, assumam os assentos no conselho. Como são mais seniores, em geral agregam mais valor. A única exceção a essa regra é um GP já estar em conselhos demais.

De novo, ao determinar quão agressivo você quer ser nas negociações com investidores, é elucidativo lembrar-se da psicologia *deles* e consultar o modelo financeiro *deles*.

Em particular, tenha em mente que todos os investidores estão procurando um "fazedor de fundo", um investimento que pague pelo fundo inteiro. Por exemplo, talvez tenham um fundo de cem milhões de dólares e comprem 20% de sua empresa. Dali, você cresce e cresce, tornando-se, por fim, um negócio de um bilhão. O investidor fez seu *pro rata* e acaba tendo lucro líquido de duzentos milhões sobre seu investimento de dois milhões (ele, é provável, teria que fazer um aporte adicional de capital para manter a participação de 20%, mas esse exemplo é apenas de caráter ilustrativo). Primeiro, ele precisa pagar de volta os cem milhões de capital levantado, mas podem ficar com 20% dos cem milhões que sobram. Aquele único investimento pagou por tudo. Eles provavelmente terão mais algumas vitórias, mas a bolada vem do retorno de cem vezes.

É isso que todos os investidores estão procurando. Todo mundo está correndo por aí tentando caçar aquelas oportunidades de investimento que vão "fazer o fundo". Essa animação se alimenta de si mesma e causa sério grau de FOMO (do inglês, *fear of missing out*, ou medo de ficar de fora) no mundo de venture capital.

Você pode usar esse FOMO em seu favor.

Seguindo o mesmo raciocínio, você *nunca* deve cometer o erro de contar a um investidor que não há competição para investir em sua empresa.

O ponto é jogar com o FOMO dele. Você *quer* que ele pense que há muita competição. E quer que *haja* muita competição. É bom ter múltiplos investidores na mesa. É a forma de asse-gurar que você tenha os melhores termos econômicos e os melhores termos em geral no *term sheet*.

Ter toda essa vantagem faz toda a diferença. Mas você não quer fingir interesse. Os investidores têm extremo bom senso nisso – e, se perceberem o blefe, você estará em uma posição terrível.

É uma dança delicada. Você quer que *eles* venham até *você*. Mas isso nem sempre é possível.

COMO CONTATAR E CONVERSAR COM UM INVESTIDOR

O que fiz foi totalmente errado; aliás, um desastre. Fui ao LinkedIn e enviei e-mails frios a GPs em fundos de venture capital diversos. Não. Faça. Isso. Não funciona e transmite a mensagem de que você é um(a) total novato(a).

A melhor forma de ser apresentado ou conectado a um in-vestidor, de longe, é por meio de um fundador no qual ele já te-nha investido e que criou valor para o fundo. Se você sabe que o investidor investiu nesta e naquela empresa e é amigo do CEO, peça-lhe que o apresente a um dos sócios do fundo em questão.

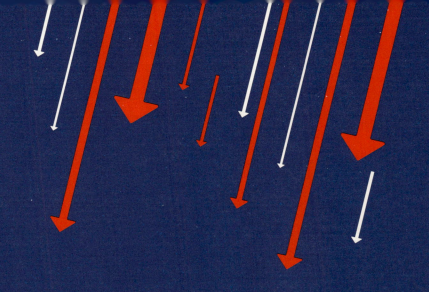

DE NOVO, AO DETERMINAR QUÃO AGRESSIVO VOCÊ QUER SER NAS NEGOCIAÇÕES COM INVESTIDORES, É ELUCIDATIVO LEMBRAR-SE DA PSICOLOGIA DELES E CONSULTAR O MODELO FINANCEIRO DELES.

Melhor ainda, talvez você seja ex-funcionário(a) de uma das empresas em que o fundo investiu. Talvez tenha trabalhado em uma startup quente antes de lançar seu próprio negócio. Digamos que você tenha cuidado de marketing na startup e aí visto uma oportunidade tangencial diferente do que a empresa estava fazendo. Agora, saiu dela e acha que não tem o mesmo peso que tinha trabalhando lá. Não esteja tão certo disso. Digamos que você tenha sido o(a) funcionário(a) número quatro daquela startup. Isso quer dizer que passou por toda a fase de escalar com ela. Sua experiência é valiosa e impressionante. Peça ao CEO da startup que o apresente a um dos sócios do fundo em questão. É muito importante o CEO testemunhar por você. Dá para imaginar quantos *decks* os investidores recebem e têm de revisar. Ser recomendado por um CEO é uma forma de, essencialmente, conseguir que ele preste mais atenção em você desde o início.

Validação social é muito importante no mundo do venture capital.

Quando consegui que Greg Waldorf e Simon Baker entrassem, a realidade era que eu não tinha conexões, não conhecia *ninguém*. O cenário de startups é um clube esquisito. Às vezes, parece que todo mundo estudou em Harvard ou em Stanford. Ironicamente, eu *era* da Bay Area (região do Vale do Silício), mas não conhecia ninguém na indústria e demorei muito para conseguir entrar.

O que finalmente me permitiu entrar nesses círculos foi estar executando e realmente construindo um negócio – e consegui que alguém de dentro falasse bem de mim.

Apresentações são tudo, e outras boas fontes de apresentações são investidores-anjo. Se você tem um investidor-anjo conectado a um investidor de venture capital, isso é uma ótima "entrada". Advogados e contadores são OK para apresentações, mas nada tem tanto valor quanto fundadores ou investidores que já estejam enturmados.

Por fim, tenha em mente que, quando fizer seu *pitch* a um investidor, se ele lhe disser que a oportunidade não é a certa para ele, nem se dê ao trabalho de pedir que o apresente a outra pessoa, um investidor diferente.

Pode parecer uma boa ideia, mas não é. Há zero valor aí (aliás, há valor negativo). Por que é uma ideia tão ruim? A percepção do segundo investidor inevitavelmente será: *bem, se esse negócio é tão interessante, por que o primeiro cara* não investiu?

Nas mesmas linhas, certifique-se de que, quando estiver levantando fundos, se portar de maneira convincente. As pessoas fazem negócios com quem gostam. É por isso que fundadores carismáticos são melhores em levantar dinheiro. Você precisa saber *contar uma história*.

Sua apresentação é importante. Nem todos os fundadores sabem construir um *deck* para atrair capital-semente. Felizmente, há um template da Y Combinator para levantar fundos – é chamado *YC deck template* – que explica tudo e fornece estrutura e fluxo.

Um *deck* para capital-semente ruim quer dizer que você não vai levantar o dinheiro de que precisa! Gosto, porém, desse tuíte do fundador do AngelList, Naval Ravikant, e acho que se aplica, em especial, a rodadas-semente.

O tempo que se gasta melhorando o pitch é mais bem gasto trabalhando no produto. Bons

> investidores usam seu pitch para avaliá-lo, não para entender ou valorizar o negócio.[9]

Em 2019, chamei vários empreendedores para participar de uma "batalha de startups" em que oito empresas faziam uma apresentação para mim e um painel de investidores. Treinei todas as empresas antes e pedi que usassem um formato-padrão, que era o template YC. Foi extremamente útil ter isso.

Mas, independentemente de template ou formato, o modo como um fundador deve pensar ao fazer seu *pitch* – como aprendemos até agora nesta seção do livro – é colocar-se no lugar do investidor.

Lembro-me de quando Rich Barton – fundador da Expedia, da Zillow e da Glassdoor – disse que investidores de venture capital pensam em três coisas ao considerar investir em uma startup. Ele usou a analogia da pescaria:

→ Densidade ou quantidade de peixes no lago (tamanho de mercado/oportunidade): se não há muitos peixes, obviamente não é um lugar atraente para pescar.

→ Quem está pescando (o time).

→ Quem está pescando ao seu lado (os concorrentes).

Agora que você entende as motivações do investidor e como ele pensa, estará em posição bem melhor ao sair para levantar capital.

Contudo, você nunca deve parar de questionar e tentar aprender o máximo possível. Quanto mais souber sobre como

---

9 NAVAL. Time spent honing the pitch is better spent working on the product. Good investors use your pitch to size you up, not to understand or appreciate the business. 21 jan. 2020. Twitter: naval. Disponível em: https://twitter.com/naval/status/1219467473390456832. Acesso em: 09 dez. 2020.

os investidores de venture capital operam, mais preparado estará ao abordá-los.

Mas você ainda precisa tomar cuidado com armadilhas comuns, que vamos explorar no próximo capítulo.

CAPÍTULO 11
ARMADILHAS COMUNS

Ao longo deste livro, vimos o importante papel dos investidores em recrutar e abrir portas a clientes potenciais – além de facilitar apresentações a outros *fundadores* com experiências similares (que podem estar bem mais à frente que você no caminho).

É provável, porém, que seus investidores de fase inicial nem *sempre* tenham um papel tão grande. Quando você chega a certa escala, eles tendem a se tornar um pouco menos relevantes, e a ajuda deles, menos vital. É claro, há exceções à regra: às vezes, um excelente investidor pode intensificar a importância de seu conselho e o faz. Mas, na maioria dos casos, os fundadores começam a superar os investidores de fase inicial.

Foi o que aconteceu conosco. Thomas e eu crescemos *muito*. A princípio, conseguimos nossos investidores de Série A de um fundo local – os dois principais no Brasil – e os convencemos a dividir a rodada. É raro que isso aconteça; quase sempre, um deles vai querer liderar. Investidores não gostam de dividir porque quer dizer menos participação para eles. Então, foi uma grande vitória conseguir que os dois investidores locais dividissem a rodada (e teve o efeito de prendê-los para nenhum poder investir em um concorrente).

Porém, depois, ainda tínhamos esses investidores de fase inicial no conselho – e, quando fizemos a fusão com nosso concorrente, o ZAP, fomos "diluídos", ou seja, os investidores de fase inicial agora tinham menos participação.

Em nosso caso, esse novo acionista com o qual nos fundimos acabou não sendo muito ativo e não tendo liderança sobre seu conselho. Em retrospecto, provavelmente deveríamos ter trazido um investidor de fase final para liderar o barco e ajudar a estimular a equipe de gestão. Admito que, na época, não tínhamos liderança o bastante em nosso conselho.

Tive muita sorte de trabalhar com os melhores investidores da região. Eles foram não apenas extremamente úteis para mim, mas também muito *ativos* naquela época no papel como investidores em meu negócio. Embora este seja um capítulo sobre as armadilhas de levantar fundos – das quais há muitas –, a verdade é que ter ótimos investidores como a Kaszek e a Monashees permitiu que eu e o Viva Real evitássemos (ou, pelo menos, passássemos mais longe) muitos dos desafios descritos nas próximas páginas.

Quais são as bandeiras vermelhas a se prestar atenção ao buscar um investidor?

Realisticamente, a maioria dos fundadores, ao tentar levantar dinheiro e construir uma empresa, não terá o luxo de *decidir* com quem quer trabalhar. Isso é apenas para os negócios mais quentes de todos.

No entanto, não importa quais sejam as circunstâncias, você sempre deve saber o que buscar em um investidor – e quais são os problemas aos quais se atentar.

ESCOLHENDO OS SÓCIOS CERTOS EM UM FUNDO

Ao encontrar o fundo certo, o que realmente importa, no fim, é não só o nível/a reputação do fundo em si, mas talvez ainda mais a qualidade da pessoa com quem você trabalhará. Afinal, ela poderá ficar em seu conselho por anos!

Como, então, saber se o investidor é uma pessoa de bom caráter? Passando um tempo conhecendo-o! Você também pode pedir referências. Veja as empresas em que o fundo investiu, aí contate os fundadores e pergunte: "Ei, como é trabalhar com essa pessoa?". Fale com CEOs de empresas do portfólio dele consideradas "grandes sucessos", mas lembre-se de que é tão importante quanto conversar com os fundadores de empresas das quais você não ouve tanto. Assim, você adquire uma visão completa de como o fundo se relaciona com empreendedores.

Claro, entendo que a maioria dos fundadores de primeira viagem está louca para conseguir *qualquer* investidor no conselho. Não pode ser exigente ou agressiva demais, certo? Bem, sim e não. Mesmo que não seja uma situação especialmente competitiva, o fundador deve se lembrar de que não é só o investidor que o entrevista – *ele também está entrevistando o investidor* – já que essa é uma relação que vai remeter muito a um casamento (em bons e em maus momentos).

Além do mais, é uma boa mensagem fazer perguntas e sua pesquisa. Mostra aos investidores que você está engajado(a) e levando o processo a sério. Sim, com certeza é mais fácil encher o investidor de perguntas quando está em posição competitiva no processo de captação. Mas, independentemente da situação, você ainda pode se beneficiar da forma como se posiciona nas comunicações com investidores. Quando pergunta: "Qual é o tamanho do seu fundo?", "Quanto dinheiro disponível ainda tem no fundo?" e "Qual é a sua tese?", isso transmite uma mensagem poderosa aos investidores – *esse cara sabe o que está fazendo*.

Preste atenção a como os investidores reagem – não só em termos das respostas, mas na *forma* como respondem.

Você precisa ter verdadeira autoconsciência sobre com quem trabalha bem e com quem não. Por exemplo, algumas pessoas realmente não conseguem lidar com o tipo que bate o punho na mesa; não se dão bem com um investidor irritadiço e agressivo. Por outro lado, alguns fundadores são o oposto: sabem que vão *precisar* de um investidor mão na massa que lhes dê um empurrão extra.

Não há certo nem errado aqui. Tem tudo a ver com a autoconsciência em torno do próprio estilo de trabalho e qual dinâmica lhe serve melhor na relação fundador/investidor.

Agressivo pode ser OK, mas cuidado com aqueles investidores de estágio inicial muito chatos com os termos do *term sheet* e todos os detalhes granulares do negócio. Se você vir esse comportamento em um investidor potencial, fique de olho – não importa qual seja seu estilo de trabalho –, porque é indicador de como ele vai agir como membro do conselho e investidor.

Resumindo, isso cria a dinâmica errada. O investidor deve *querer* empoderar o fundador. Sim, ele deve expressar sua opinião caso tenha uma forte sobre algo. Mas não pode forçar o empreendedor a nada.

Em especial se você é uma empresa em fase inicial e acaba de criar um produto básico, e agora um investidor está tentando avaliar rigorosamente seu negócio e o pressionar

MESMO QUE NÃO SEJA UMA SITUAÇÃO ESPECIALMENTE COMPETITIVA, O FUNDADOR DEVE SE LEMBRAR DE QUE NÃO É SÓ O INVESTIDOR QUE O ENTREVISTA — ELE TAMBÉM ESTÁ ENTREVISTANDO O INVESTIDOR — JÁ QUE ESSA É UMA RELAÇÃO QUE VAI REMETER MUITO A UM CASAMENTO (EM BONS E EM MAUS MOMENTOS).

sobre todos os detalhes, meu conselho é sair correndo! Não há motivo para esse tipo de *due diligence* em uma empresa em fase inicial – e, se ele já é tão difícil, você sabe que só vai piorar!

Mais uma vez, um bom investidor vai querer empoderar o fundador, não controlá-lo. De modo similar, um bom investidor não divide seu investimento em muitos pagamentos em um financiamento de estágio inicial. Quando um negócio pré-semente ou semente está ligado a KPIs futuros, é uma grande bandeira vermelha, porque pode desalinhar interesses (o investidor pode estar torcendo para você não cumprir os KPIs para ter mais poder na relação). Se sua startup for como a maioria, você ainda está descobrindo o que quer ser quando crescer. Se os investidores determinarem um caminho estreito, você não terá flexibilidade para se reinventar quando encontrar novas oportunidades.

Com sorte, você entenderá o que está acontecendo antes de ser tarde demais. Mas o que fará depois de ter investidores e eles começarem a empurrá-lo em uma direção ruim?

Se um empreendedor não concordar com algo que o investidor quer, o investidor realmente precisa abrir mão e aceitar. Senão, vai criar um conflito desnecessário. É apenas senso comum. É a mesma filosofia que uso em contratações: quero dar aos meus funcionários a autonomia e a liberdade de tomar as próprias decisões em vez de dizer o que quero que eles façam. Sei que não trabalho bem com um investidor que tente controlar ou microgerenciar. (É um pouco diferente com um investidor de fase final, como um de *equity* de crescimento. Eles se envolvem mais com números e em geral.)

Seu investidor já passou por tempestades? Como agiu e se portou nesses tempos difíceis (não só nos bons)?

Não há como evitar: em algum momento, você se verá passando por tempos turbulentos com seus investidores.

A coisa vai ficar feia, e, para o bem ou para o mal, esses também são momentos em que você verá a verdadeira face de seus parceiros – e é por isso que é tão importante prestar atenção *agora* para encontrar os certos. É igualmente por isso que você quer investidores que já passaram por tudo antes e vão ficar ao seu lado durante os períodos desafiadores.

Todavia, para aproveitar seus investidores ao máximo, você precisa sempre *dizer* o que quer.

ARMADILHAS NAS INTERAÇÕES COM INVESTIDORES POTENCIAIS

Há certa etiqueta que você deve seguir no que diz respeito a investidores *potenciais*. Por exemplo, já vi fundadores cometerem o erro de principiante de pedir a um investidor que assine um NDA (*non-disclosure agreement*, ou acordo de não divulgação). Inaceitável. Ninguém assina NDAs. Isso só fará as pessoas pensarem que você é (a) um novato total ou (b) alguém que está tão submerso no próprio mundo que acha que ninguém teve essa ideia antes. De todo modo, investidores não têm tempo para esse tipo de merda. E você deveria saber disso: *ninguém* está tentando copiar nem roubar seu negócio.

Vou dizer de novo: investidores não assinam NDAs.

Há algumas empresas em estágio final de crescimento – levantando centenas de milhões de dólares – para as quais faz sentido proteger sua propriedade intelectual com um NDA. Mas, na maior parte do tempo, é totalmente inapropriado.

A REAL SOBRE EMPREENDER

Seguindo o mesmo raciocínio, você <u>sempre deve manter seus pitches simples</u>. Não estamos nos anos 1970 ou 1980; *ninguém* mais faz planos de negócios. Não é assim que as startups funcionam. Todo jogo de startup é iterar rápido, testar, validar. Sei hoje que, como investidor, se alguém me mandar um plano de negócios extenso, ela vai direto para o lixo.

Pode soar pesado, mas estou lhe passando algumas lições duras agora para você não precisar aprender da forma difícil depois. E você ainda pode ter um plano de negócios interno, se isso ajudá-lo. Só *não* é um documento útil para levantar fundos. Investidores não têm tempo de ler um monte de blá-blá-blá. Querem *o que querem*: uma apresentação de slides clara e concisa, nada mais, nada menos. (Claro, se os investidores curtirem sua apresentação, provavelmente vão investigar sua empresa mais a fundo e querer ver números reais, objetivos de negócios, e assim por diante, nas próximas rodadas.)

Admito que eu mesmo fui um pouco longe uma vez, inventei demais com meu *pitch*: usei PowerPoint, mas também software adicional para gravar a mim mesmo falando sobre a apresentação. Que péssima ideia: investidores querem passar por tudo *no próprio ritmo*, pausando ao longo do caminho. Felizmente, um investidor me disse que eu estava errando feio com o formato da apresentação, e consegui consertar antes de enviar aos outros.

Sugiro que todos os fundadores usem o DocSend. Às vezes, investidores não gostam disso. Não gostam porque você recebe dados sobre se eles estão, de fato, lendo seu *deck*. Também lhe dá informação sobre em que slide eles passaram mais tempo. Isso pode ajudar a revisar seu *pitch* e a entender o que é potencialmente importante para um investidor. Por fim, as pessoas, muitas vezes, sem a permissão do fundador, encaminham um *deck* a outras, quando este deveria ser confidencial. Enviar pelo DocSend reduz a chance de isso acontecer.

Apenas mantenha seu *pitch* simples. Você não precisa reinventar a roda nem ser criativo demais na forma de apresentar seu negócio. Só precisa, em primeiro lugar, do gancho. É aquele único parágrafo que descreve perfeitamente sua empresa. Dedique tempo para acertar isso; você vai usá-lo muito, enviar por e-mail às pessoas etc. Por exemplo, quando um amigo o apresenta a um investidor, você envia ao amigo seu parágrafo para que ele o encaminhe como ponto de entrada.

Mas aí você também vai precisar de um documento chamado *one pager* (tudo deve caber literalmente em uma página) que destaque os pontos específicos do negócio.

Cada vez que você faz um *pitch* a um investidor, aprende e melhora. Está ouvindo o investidor, vendo que tipos de perguntas ele faz e antecipando como responder a elas. É uma experiência cumulativa e ajuda demais a afinar seu *pitch*: cada vez que você interage com um investidor, lembra-se dos padrões que observou antes e consegue ajustá-los de acordo.

Claro, ainda pode receber um não.

As pessoas tendem a ficar bravas quando um investidor passa a oportunidade. Não leve para o lado pessoal se ele não entender seu negócio. A coisa mais inteligente que pode fazer é conversar educada e cordialmente com o investidor sobre *por que* ele decidiu não apostar. Quanto mais informação puder extrair dele, mais você poderá usar para afiar o próximo *pitch*.

Não fique emotivo se um investidor disser não. Apenas ouça e seja bem racional. Tente reunir o máximo de feedback possível para poder ajustar e atualizar.

290 A REAL SOBRE EMPREENDER

Por último, mas não menos importante, o que quer que faça, nunca diga a um investidor que tem um *term sheet* se não for verdade. Pode parecer óbvio, mas acredite em mim: pode ser bem tentador levar um investidor a acreditar que você já tem um peixe no anzol. Você sabe como o trabalho funciona. Sabe como é importante que os investidores compitam um com o outro; sabe que a coisa mais difícil do mundo do venture capital, em especial no Brasil, é fazer as pessoas se *mexerem*; e sabe, no fim, que o que *faz* os investidores se mexerem, mais que qualquer outra coisa, é o FOMO.

Essas verdades são todas completamente legítimas, e a realidade é que investidores, de fato, são bem lerdos, a menos que sintam que há perigo de você fechar com outro. Tudo isso é para dizer que entendo: é tentador fingir que você tem uma oferta. Mas, se não tiver de fato um *term sheet*, estará cometendo um grande erro dizendo que tem. É um universo pequeno. A verdade pode ser farejada facilmente, e você vai perder toda a credibilidade. Se alguém vir que está blefando, você estará ferrado.

Para ser claro: não minta, mas se você *tem mesmo* um *term sheet*, faça um favor a si mesmo e conte a todo mundo!

Um *term sheet* não é o mesmo que um negócio fechado. No entanto, se você tem um *term sheet* assinado, embora ele não tenha valor legal, mostra com alta credibilidade que seu negócio será, de fato, financiado. (Em especial com negócios em fase inicial, há pouca probabilidade de uma empresa com *term sheet* assinado não ser financiada.)

Então, se você tem um *term sheet*, diga isso às pessoas! Só não diga de quem é o *term sheet*. Mesmo que perguntem, você não tem obrigação de revelar a fonte, e muitos *term*

sheets incluem cláusulas de confidencialidade que o impede-
dem de fazê-lo. (Felizmente, a maioria dos bons investidores
não conspira. Mas acontece.)

No mundo do venture capital, cada investidor tem seu arqui-inimigo, e você pode tirar vantagem disso. Não contando
de quem é o *term sheet*, estimula o instinto competitivo dele.
A oferta pode não ser do arqui-inimigo, mas qual é o problema
de deixar o investidor acreditar que possa ser?

É uma ótima maneira de alavancar o FOMO e usá-lo para levantar fundos maiores – você vai precisar do suficiente para durar!

ARMADILHAS FINANCEIRAS

Como, então, saber quando sair para levantar *mais* dinheiro?

Uma das maiores armadilhas ao solicitar venture capital
é *não planejar bem o momento da captação*. Digamos que
você esteja construindo uma empresa e tenha começado a escalar. Conseguiu levantar algum capital, mas, como a maioria
das empresas em fase inicial, ainda não tem lucro: seu *burn
rate* (indicador de velocidade com que o dinheiro é gasto) está
entre trinta e cinquenta mil dólares por mês. Obviamente,
você não vai querer esperar até ter apenas um mês de capital sobrando para sair e levantar mais dinheiro. Queira garantir
que sempre se dê, pelo menos, doze meses de *runway*.

De novo, pode parecer óbvio, mas, às vezes, um fundador
tenta cronometrar o mercado ou otimizar demais e acaba tendo de levantar dinheiro de última hora, às pressas e de maneira que parece desesperada. Nem é preciso dizer que é um erro
esperar até esse ponto. Você sempre deve levantar dinheiro

A REAL SOBRE EMPREENDER

quando não *precisa* de dinheiro. Vai tomar decisões melhores assim. E estará em posição melhor com os investidores.

Às vezes os investidores existentes fazem um financiamento-ponte. Trata-se de uma *rodada interna*, e não adoro a abordagem: sim, é uma opção, mas tenha em mente que nenhum investidor vai fazer mais de uma dessas rodadas. Então, se você tentar seguir o mesmo caminho pela segunda vez, espere que seja sua última oportunidade de pedir capital a ele (a não ser em uma rodada de financiamento subsequente, liderada por um investidor externo que queira manter seu *pro rata*).

Tenha em mente também que uma rodada interna, em geral, não é um ótimo sinal para o mercado. Quando as pessoas notam que apenas os investidores já existentes estão investindo, isso transmite uma mensagem subconsciente de que você não conseguiu levantar dinheiro de outros investidores que fornecem validação mais forte e independente sobre o negócio. Claro, há exceções à regra. Por exemplo, se seu negócio está crescendo loucamente e os investidores existentes adiantam um investimento porque querem muito colocar dinheiro e aumentar sua participação, isso obviamente é bom! Você definitivamente quer posicionar uma rodada-ponte dessa forma com alguém de fora. Em geral, porém, a maioria das rodadas internas dos financiamentos-ponte *não* é vista de maneira positiva. A percepção é que refletem uma empresa que pode estar em dificuldades.

Outro fator em jogo é que você sempre quer que os investidores deem uma mordida, não uma mordiscada. Aqui, a percepção também importa: se é sabido que um investidor em particular costuma investir cheques de três a cinco milhões de dólares e você consegue que ele entre bem cedo, mas por menos

UMA DAS MAIORES ARMADILHAS
AO SOLICITAR VENTURE
CAPITAL É NÃO PLANEJAR BEM
O MOMENTO DA CAPTAÇÃO.

dinheiro, infelizmente, muitas vezes o que as pessoas pensam é: *por que esse cara está investindo tão pouco? Será que é improvável que entre com um investimento maior no futuro?*

Resumindo: no que diz respeito a solicitar e negociar com investidores de venture capital, faça a lição de casa. O tempo e a energia extras agora valem muito a pena. Por exemplo, se você não tiver cuidado, pode terminar, como fundador(a), desperdiçando muito tempo fazendo *pitches* a investidores aleatórios que *nunca vão investir em você* – não porque não gostam de você, mas porque, como regra, apenas não investem em seu setor. Seguir por essa rua sem saída pode ser uma enorme perda de tempo.

Da mesma forma, você precisa ter um plano sobre quem vai procurar para ser *investidor líder*. Este é um dos grandes desafios ao levantar dinheiro. Digamos que você esteja tentando levantar dois milhões de dólares. Mesmo que já tenha um monte de gente disposta a colocar cada uma um cheque de trezentos mil, esse dinheiro ficará indisponível se todos disserem que o investimento estará condicionado a um investidor líder.

Você precisa convencer alguém a se mexer e a assinar o *primeiro* cheque.

Muitos investidores dizem abertamente que só "seguem" outros investidores. Não consigo enfatizar o bastante; é como o mundo do venture capital funciona: você precisa daquele *investidor líder* que define ou cava os termos e é responsável pela maior parte da rodada.

Cada vez que levanta capital, você precisa de um investidor líder. O mesmo vale para um investidor-anjo: se está fazendo uma rodada-anjo, tem que haver um anjo na liderança.

Por fim, não cometa o erro de tentar pegar atalhos ou cortar custos com seus advogados. Aprendi isso da maneira mais dura, com um advogado que estava nos ajudando a abrir a empresa. Ele era muito centrado nos Estados Unidos e nunca havia trabalhado com uma startup como a nossa, ou seja, focada em mercados fora de lá. Ele me fez criar uma C-Corp em Delaware, o que resultou em ficar exposto a impostos norte-americanos, apesar de nosso negócio não ter operações no país.

Foi um descuido pequeno e ridículo, mas acabou nos custando algo na magnitude de cem milhões de dólares em valor da empresa. Pior de tudo, essa dor de cabeça podia ter sido facilmente evitada. Tivemos muita tensão desnecessária na negociação de fusão e venda da empresa porque eu simplesmente não tinha o apoio legal certo. Em minha nova empresa, Latitud, estamos ajudando empreendedores a evitar esses erros, além de otimizar o processo de levantar capital. Para entender melhor a estrutura corporativa e legal de startups na América Latina, sugiro que ouça esta entrevista com Dan Green, sócio da Gunderson Dettmer. É uma empresa de advocacia de primeira linha, com tecnologia e profunda experiência na região. Dan Green e Brian Hutchings cuidam das operações Latam e me foram grandes parceiros ao longo dos anos.

Escaneie o QR Code e ouça a entrevista [em inglês] com Dan Green.

Nosso fiasco com a C-Corp em Delaware é apenas um exemplo de como as coisas dão errado com o desenho ou a estrutura dos detalhes da captação. Certifique-se de evitar todas essas armadilhas em seu *term sheet* e preste atenção

296 A REAL SOBRE EMPREENDER

especial à preferência de liquidação duas vezes ou a um mecanismo chamado *ratchet*. Esses termos não são padrão de mercado na maioria dos negócios de venture capital, e, se estiverem em seu *term sheet*, sugiro fortemente que você pressione para que não estejam. Bons investidores não precisam criar joguinhos com *term sheets* para gerar bons retornos, e você quer números e governança que estejam alinhados com os investidores.

Não quero assustá-lo, mas vou dizer: se você estragar algo no *term sheet* com seu primeiro aporte de capital, isso o posicionará de um jeito ruim para todos os investimentos futuros. Então, tome cuidado! E, por favor, não economize no que diz respeito a encontrar um bom advogado: você quer alguém que seja não só o melhor, mas especificamente focado em venture capital.

Além do mais, quando está levantando dinheiro e tem um *term sheet* e está negociando o documento, recomendo fortemente que você coloque um limite máximo nos honorários advocatícios. Com antecedência, decida uma quantia razoável com seu advogado. Além disso, às vezes você pode conseguir que o advogado postergue seus honorários quando o negócio está começando (e a maioria dos advogados vai esperar que a rodada feche para serem pagos). Eles fazem isso quando o veem como uma startup com muito potencial. Escritórios de advocacia não ganham dinheiro com empresas minúsculas que estão começando. Querem que você seja grande e bem-sucedido, porque aí você vai levantar mais dinheiro ou ser adquirido – e é quando ganham a maior parte dos honorários.

É preciso ser incrivelmente hábil nessas questões. De novo, há um viés inerente em jogo. Só posso dizer para você se educar e aprender com meus erros. Por exemplo, há pessoas, basicamente charlatões, que fingem estar lá para levantar dinheiro para você – mas cobram por isso.

Se encontrar uma dessas criaturas, fuja!

Agora, para ser claro, se for uma situação em que você tem um investidor-anjo que pede participação adicional como conselheiro, é completamente normal. Ele também pode receber participação no lucro (*carry*) sobre a parcela de capital que traz para o negócio. É bem padrão no Vale do Silício. No entanto, outra vez, se alguém diz que vai ajudá-lo a levantar dinheiro, mas lhe cobra antecipadamente ou exige uma taxa de corretagem, é sua chance de frear tudo. Não é assim que funciona com o venture capital (a menos que você esteja levantando capital institucional significativo com um banco de investimentos como o Allen & Company – e, mesmo assim, vão cobrar uma porcentagem do negócio quando ele for fechado).

No mundo de venture capital, não existem taxas de corretagem!

Outro grande erro que cometi nessas negociações foi não pedir, desde o início, que meus funcionários assinassem um PIIA (acordo de informação proprietária e designação de invenção). PIIA é um formulário simples, e a ideia é proteger a empresa de funcionários antigos e atuais que alegam que a informação proprietária pertence a *eles*. Por exemplo, pode haver um engenheiro que construiu algo importante para o negócio e agora diz que é dono do conceito. Informação proprietária foi um problema sério com os gêmeos Winklevoss, que alegavam ser donos da ideia do Facebook. Essas questões aparecem, com frequência, também com *freelancers*.

O negócio é: cada pessoa que trabalha em seu projeto deve assinar um PIIA, desde o início. Infelizmente, não fizemos isso

– então, quando fomos levantar dinheiro e nos perguntaram a respeito, nossos novos investidores nos fizeram voltar e pedir a todos que já haviam passado pela empresa que assinassem os termos antes de seguirmos adiante.

Foi um saco tentar encontrar todos os ex-funcionários.

No fim, deu certo. Tudo está bem quando acaba bem. Mas não se você levantar pouco dinheiro e não tiver o suficiente para executar.

ARMADILHAS DE LEVANTAR POUCO (OU MUITO)

Com empresas financiadas por venture capital, em geral tudo está ligado a marcos. Você faz *isso* para conseguir *aquilo* para chegar *ali*. É tudo bem orientado à sucessão, passo a passo, quando se está construindo uma empresa. Você pode levantar uma rodada pré-capital-semente apenas para ter prova do conceito. Aí, depois, começa a receber alguns feedbacks de clientes. Por fim, quando de fato chegar ao ponto de ter clientes pagantes, vai e começa sua Série A.

Se você não levantar dinheiro *suficiente*, porém, não vai conseguir atingir os marcos que lhe permitem continuar – e isso é um problemão.

É bem pior não levantar o suficiente que levantar demais.

Veja, também há armadilhas ligadas a levantar dinheiro demais. Um erro bem real que vi fundadores cometendo no Brasil é vender uma porcentagem muito grande da empresa ao começar – portanto, tornando impossível investir nela!

Aceitar a avaliação mais alta pode ser um erro de várias formas, e você sempre deve ficar com um pé atrás de escolher

ARMADILHAS COMUNS 299

uma que está acima do valor real. Mas, de novo, essa armadilha (de levantar dinheiro demais) não é tão séria quanto o oposto (levantar pouco). Por um lado, se você levanta capital demais com uma avaliação alta só porque o mercado está inflado e não atende às expectativas... Sim, certo, é ruim, mas pelo menos você tem bem mais *runway* para descobrir o que fazer.

A verdade é que levantar *dinheiro demais* não é um problema que muitos empreendedores vão enfrentar. É um proverbial "problema bom de ter".

Todavia, se você *não* levantar dinheiro suficiente e não tiver quanto precisa para atingir os marcos, vai precisar de uma boa autoanálise.

Nesse ponto, você tem duas opções: pode só tentar seguir (ou seja, continuar trabalhando para superar a barreira) ou pode ser hora de reestruturar, diminuir a operação ou posicionar-se para *acqui-hiring* (termo em inglês que une "adquirir" e "contratar", ou seja, quando sua empresa é comprada pelo talento, se você tem um time forte de produto e engenharia fazendo algo que possa ser valioso a uma empresa maior).

Isso ficou dolorosamente evidente quando empresas se encontraram nessa posição assim que a pandemia de covid-19 se intensificou em 2020 – tornaram-se "alvos de *acqui-hire*" de concorrentes que, antes da pandemia, haviam levantado capital e puderam tirar vantagem da mudança de circunstâncias, adquirindo competidores e acelerando seu crescimento.

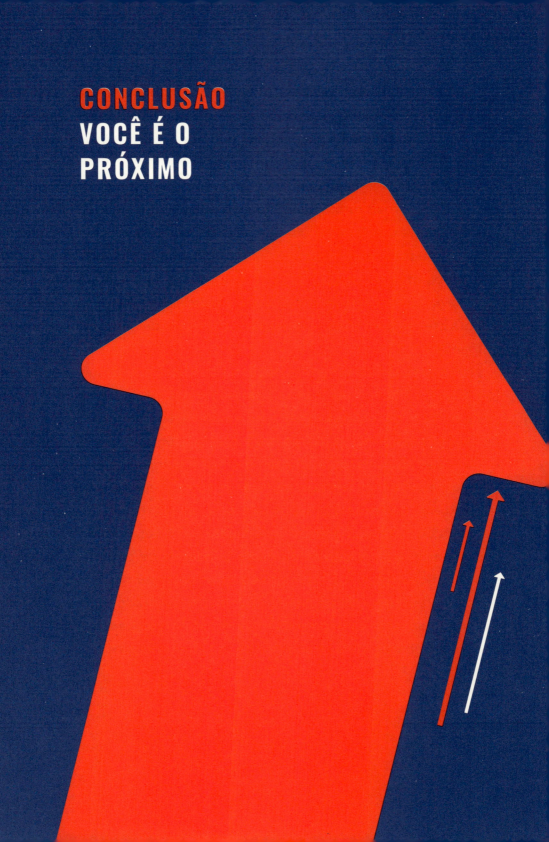

Há um conceito japonês que amo muito, chamado *ikigai*. A palavra não tem tradução direta em inglês nem em português, mas essencialmente significa "razão de ser". A ideia por trás disso é que, para descobrir seu propósito na vida, você precisa se fazer quatro perguntas:

1. O que ama?
2. Em que é bom?
3. De que o mundo precisa de você?
4. Pelo que pode ser pago?

Como pode ver na imagem, o lugar em que "o que ama" e "em que é bom" se sobrepõem é onde está sua paixão. Da mesma forma, a área em que "o que ama" e "de que o mundo precisa" se sobrepõem representa sua missão.

Depois, nas duas seções de baixo desse modelo, a sobreposição entre "de que o mundo precisa" e "pelo que pode ser pago" é sua vocação, enquanto a sobreposição entre "em que é bom" e "pelo que pode ser pago" é sua profissão.

No meio desses quatro elementos fica o ponto ideal, seu *ikigai*. É a interseção de paixão, missão, vocação e profissão.

Falo disso para voltar a uma ideia importante que apresentei no início do livro: construir um negócio é um dos mais poderosos aceleradores de crescimento pessoal.

No fim, o livro todo teve a ver com aceleração, tanto em nível micro quanto em nível macro: como levantar capital e acelerar o crescimento do negócio que você está construindo no Brasil, mas também como navegar melhor os altos e baixos, como empreendedor e ser humano, para não apenas sobreviver, mas decolar à frente dos concorrentes?

Os melhores negócios, na minha opinião, chegam ao equilíbrio do *ikigai*.

Com meus dois cofundadores, Yuri Danilchenko e Gina Gotthilf, estou construindo a Latitud, uma nova plataforma para democratizar o acesso a tudo de que um empreendedor novato ou aspirante precisa para ter sucesso.

Nosso novo *fellowship* une as maiores mentes empreendedoras e os mais experientes operadores de tecnologia na América Latina para aprenderem uns com os outros e obterem mentoria "mão na massa" de especialistas na região e no Vale do Silício. Como qualquer startup, ainda estamos no início, e tenho certeza de que nossa visão evoluirá conforme falamos com mais fundadores e aprendemos no processo.

Estou muitíssimo animado com a Latitud, principalmente porque a vejo como forma de ajudar os outros como fui ajudado. De novo, como falei nas primeiras páginas do livro, sempre senti muita gratidão por tudo o que consegui conquistar no Brasil, e continuo vendo a região como um dos ecossistemas mais animadores, um lugar onde tudo está acontecendo de modo incrível – combinação de talento extraordinário e oportunidades enormes.

Portanto, tenho a forte sensação de que é minha responsabilidade, além do meu desejo, elevar esse ecossistema da melhor forma que puder. Talvez este seja meu *ikigai*: devolver, não só no sentido econômico, mas também apoiando e acreditando na região. A sensação de receber uma mensagem por WhatsApp de um fundador me agradecendo por ajudá-lo a levantar capital ou por aconselhá-lo sobre um assunto difícil é maravilhosa.

Em geral, a forma como vejo os ecossistemas locais é que o que os torna tão incríveis (e o que torna as pessoas que têm sucesso neles incríveis) é o modo como fundadores não só ajudam uns aos outros, mas como também reinvestem e apoiam a geração seguinte.

Para quem estiver lendo este livro, seja você já muito bem-sucedido(a) ou iniciante, sua hora é agora – você é a próxima geração. Vamos construir isso juntos!

Este livro foi impresso
pela Gráfica Rettec
em papel Avena 80g
em fevereiro de 2021.